새벽 한시

새벽 한시

빛과 어둠을 만나는 시

안대회 엮고 쓰다

태학사

머리말

백 편의 한시漢詩를 뽑아 번역하고 풀이하여 한 권의 책으로 출간한다.

한시를 읽고 배우는 것은 고향 같은 느낌을 준다. 고전 공부의 첫걸음도 한시로부터 출발하였다. 뒤에는 관심이 여기저기 옮아갔어도 내 공부의 원천에는 한시가 자리를 잡고 있다. 말이 나왔으니 말이지 한시의 세계는 우리 현대인에게 고향 같은 의의를 지닌다. 현대적 삶 이전의 세계와 인생을 넓고 다채롭게 표현해낸 문학이 바로 한시이다.

그렇다고 과거의 향수나 자극하는 낡고 무감각한 문학은 아니다. 오히려 20세기 이후의 문학이 놓치고 있거나 무관심하게 대하는 문제를 독특한 감각과 언어로 다루고 있다. 현대인에게 친근한 시각이나 문법과는 많이 다르다. 지난 시대의 인생과 역사가 고요히 가라앉아 있는 작품을 까불어 읽는다면 얼마든지 새롭고 자극적인 독서와 감상의 세계가 펼쳐질 수 있다. 이것이 백 편의 한시를 뽑아 책으로 엮은 까닭이다.

굳이 백 편이란 숫자로 작품을 한정한 특별한 이유가 있는 것은 아니다. 매주 한 편씩 작품을 뽑아 감상하다 보니 2년이 흘렀고, 백 편이 채워지자 한 권의 책으로 출간해도 좋겠다고 생각하였다. 조선 후기에는 시집이든 산문집이든 백 편의 작품을 뽑아 백선百選의 선집을 즐겨 냈는데 그 관례와 잘 맞아떨어진다. 어떤 것이든 백 편이란 숫자는 감상하기에는 충분하고 지루하기에는 부족한 분량이므로 선집의 숫자로는 적절하다.

작품을 뽑되 하나도 겹치지 않도록 백 명의 시인에게서 한 편씩 골랐다. 이 역시 고집스러운 주장이 있어서 그런 것이 아니다. 한시 작가들의 숲에서 한 편 이상 고른다면 편애라는 느낌이 들었다. 편애하기에는 좋은 시인이 너무 많았다. 서재를 가득 메우고 있는 문집과 문헌을 들추다 보면 수십 편에서 수백 편의 시가 들어차지 않은 책은 없다. 매주 그 책의 숲에서 한두 권을 훑어보다가 눈길이 가고 손이 멈추는 작품에서 머뭇거리면서 버릴 것은 버리고 취할 것은 취하여 백 편의 작품이 되었다.

시인과 작품을 고른 기준과 미학은 뚜렷하다. 내 가슴으로 감동을 느낀 작품을 뽑자는 것뿐이다. 대가의 명작으로 정평이 난 작품은 일부러 무시하였다. 저명한 선집에 수록된 작품을 일절 고려하지 않았다. 지난날 높이 평가받았든 아니든 그게 뭐가 중요한가? 오로지 내 눈과 내 가슴에 신선한 충격과 형언할 수 없는 감동이 밀려오면 그것으로 만족이다.

널리 알려진 명작이 포함되지 않은 것은 아니다. 하지만 학계에도 일반 독자에게도 처음 소개되는 작품이 적지 않을 것이다. 그동안 고서 속에 외롭게 홀로 향기를 풍기던 작품이 이제는 그 향기를 세상 독자들의 가슴에 전해 색다른 빛깔과 향기를 품은 선집으로 받아들여지도록 노력했다.

고방孤芳의 작품에 주목하되 현대 독자가 공감하기 힘든 작품은 뽑지 않았다. 지나치게 고풍스럽거나 상투적 시각이 담긴 작품도 배제하였다. 바람을 읊고 달빛을 희롱하는 음풍농월 분위기의 한시, 전원의 여유를 노래하고 산수의 멋이나 자랑하는 목가적 한시, 술기운과 춤사위, 회고풍과 감상풍의 한시는 뽑지 않으려 애썼다. 결함의 세계에서 부대끼며 살아가는 흠 많은 인생의 기쁨과 슬픔, 희망과 좌절이 살아 있는 작품이 많이 보일 것이다. 지금 우리 시대를 살아가는 사람들과 마음을 나눌 수 있는 작품이 거기에 있고, 무엇보다 나 자신이 그런 작품에 쉽게 공감이 갔다. 어느 작품이든 공감하지 못한다면 의미가 없다.

작품의 번역도 자유롭게 하였다. 정형시의 틀을 과감히 벗어나 번역한 시 자체가 현대 독자에게 한 편의 완결된 작품으로 읽힐 수 있도록 옮겼다. 직역하지 않고 의역하려는 태도를 보인 것도 그 때문이다. 번역한 시를 읽고서 시인이 말하고자 하는 내용과 주제에 깊이 빠져들지 못하거나 시의 아름다움에 공감하지 못했다면 그것은 좋은 시가 아니고 좋은 번역이 아니다. 다시 말하지만 공감하지 못한다면 의미가 없다. 작품의 해설은 공감을 이끌어내는 데 작은 보탬이 될 수 있을 것이다.

우연히 읽게 된 짧은 시 한 편에 가슴이 설레고 위안을 받고 세상을 아름답게 볼 마음이 생긴다. 작은 이 시집에서 그런 우연한 만남이 이루어질 수 있기를 기대한다.

2014년 가을에

안대회

차례

2 하루 종일 저편 숲에서는

3 오지 않을 그대인 줄 잘도 알지만 그래도 문은 차마 닫지 못하네

4 오늘은 그대가 나를 잊었으니 내일이면 내가 나를 잊을 차례

1

외로운 섬 뒤흔들어 폭풍우가 싸우는 듯

가을 버들

後秋柳詩

바람도 없이
떠난 잎이
'철렁!'
땅에 떨어지니

야윈 가지
한 올 한 올
저녁 안개 속에
걸려 있다.

부러진 갈대
마른 연잎이랑
서로 기대 서 있을 때

원앙새는 옷이 추워
잠도 채 못 이룬다.

無風脫葉下鏘然
瘦影絲絲掛暮煙
折葦枯荷相伴住
鴛鴦衣冷不成眠

• 신위

자하紫霞 신위申緯(1769~1845)가 1818년 춘천에 머물 때 지었다. 조선 제일이라는 평을 듣는 시인의 시답다. 가을이 깊어 잎이 스스로 떨어진다. 지상의 모든 조락凋落을 대변하듯 떨어지는 잎 소리가 시인의 심장을 울린다. 잎을 떨궈내 야윈 가지에게는 부러진 갈대와 말라버린 연잎이 어울리는 친구라, 동병상련에 서로 추운 몸을 비빈다. 초목들 모두 입었던 옷을 벗은 저녁, 짙은 녹음 속에서 햇볕을 즐겼던 원앙이도 추위에 몸을 떨고 있다. 시를 읽으려니 낙엽이 져버린 야윈 버드나무인 양, 잠 못 드는 원앙이인 양 몸과 마음이 오싹해지고 따뜻한 온기를 그립게 한다.

누이를 보내고
別妹

아침에 해남으로 누이를 보냈는데
하루 종일 몹시도 날이 차구나.

형제와는 처음 헤어져
고향 집은 갈수록 멀어만 가는데

스산한 바람은 거세게 불고
밤들어 슬픔은 아련히 밀려오겠지.

지금쯤 어느 주막에 들어가
집 생각에 눈물을 쏟고 있을까?

海南朝送妹
終日苦寒之
骨肉生初別
江山去益遲
陰陰風勢大
漠漠夜心悲
知爾宿何店
思家也涕垂

• 신광수

석북石北 신광수申光洙(1712~1775)가 누이를 시집보냈다. 충청남도 서천군에 살던 누이동생은 멀리 해남의 윤씨 댁으로 시집을 갔다. 그 누이는 여류 시인으로 널리 알려진 부용당芙蓉堂이다. 누이가 시집가는 것이 슬퍼해야 할 일은 아니다. 그러나 형제로 태어나 함께 지내다 이제부턴 거의 얼굴도 보지 못할 곳으로 떠난다. 보내는 오빠의 마음이 착잡할 수밖에 없다. 공교롭게 날씨까지 추워진 것은 똑 누이를 보낸 시인의 쓸쓸한 마음 같다. 시인의 넋은 길 떠난 누이의 뒤를 따라가 어느 주막집 호롱불 밑에서 울고 있을 누이와 함께 울고 있는가 싶다.

담백
澹泊

담백함은 가난뱅이가 살아가는 법
등불 없어 달이 뜨기만 기다린다.

꽃을 꺾자니 사랑스러운 것을 어찌 없애고
풀을 베자니 살아 있는 것을 차마 해치랴.

백발은 당연히 내 차지고
청산은 그 누가 욕심낼까.

미친 노래 부르며 저무는 한 해
가을 기운 검처럼 서슬 퍼렇다.

澹泊貧家事
無燈待月明
折花難割愛
芟草忍傷生
白髮應吾有
青山復孰爭
狂歌當歲暮
秋氣劍崢嶸

• 허필

한평생 곤궁하게 살다간 허필許佖(1709~1768)이란 시인이자 화가가 있다. 어느 날 그가 당당하게 가난을 고백했다. 담백함이야말로 가난한 자가 가진 고귀한 재산이라고. 담백함은 가난함의 또 다른 표현, 참으로 멋지다. 어둠을 밝힐 등불이 없으니 달이 뜨기만을 기다린다. 무소유無所有니 살아가는 것이 하나같이 자연스럽다. 이것저것 고민할 필요가 없다. 가난하니까 덤으로 얻는 것이 참 많다. 가난하기에 꽃가지 하나 함부로 꺾지 않고 풀포기 하나 해치지 못한다. 애쓰지 않아도 생태주의자가 된다. 그뿐 아니다. 남들이 소유하기 싫어하는 것은 온통 내 차지다. 누구나 싫어하는 백발도 내 차지고, 살기 좋은 서울로 몰려드느라 모두가 내팽개친 푸른 산 역시 당연히 내 차지다. 사람들이 버렸다고 해서 가치 없는 것은 아니다. 가진 것 없다고 비웃지 마라! 서슬 퍼렇게 말하지만 나는 가난한 것이 아니라 담백한 것이다.

봄 들녘

春望

버들잎, 느릅나무 잎, 용나무 잎은 파래졌고	柳葉楡葉榕葉青
매화꽃, 살구꽃, 배꽃은 활짝 피었네.	梅花杏花梨花明
꾀꼬리, 제비, 백조는 날고	黃鳥玄鳥白鳥飛
황어, 홍어, 반어는 돋치네.	黃魚紅魚斑魚生
콩이랑 팥은 새싹 돋아나고	大豆小豆初出土
밀이랑 보리는 제법 물결을 이뤘네.	小麥大麥浪已成
그중에 물까마귀는 뭣 하는 놈인지	就中水鳥何許物
오른쪽은 매발톱에 왼쪽은 오리발 하고서	右爲鷹爪左鴨足
밝은 달빛 아래 큰 물고기 낚아채	明月溪中抓玉尺
봄빛을 가르며 십 리 너른 하늘을 질러 나네.	十里橫飛割春色

• 이병연

영조 시대의 시인 이병연李秉淵(1671~1751)의 작품이다. 도회지 골목에서는 봄소식이 늦다. 근교 들판으로 나가 사방을 휘둘러보니 온 세상에 성큼 봄이 찾아왔다. 닥치는 대로 욕심껏 눈에 담아본다. 나무와 꽃과 새와 물고기, 눈에 들어오는 풍경 가운데 봄기운에 들썩이지 않는 것이 없다. 즐거워 견딜 수 없다는 듯이 시인은 마구 사물들을 시에 주워 담는다. 세 개씩 두 개씩, 조금 심드렁해질 때쯤 시선을 사로잡는 것이 나타난다. 물고기를 입에 물고 의기양양 허공을 가르는 물까마귀란 놈이다. 봄철 들판은 소란스러워 시인을 어지럽게 한다.

산 늙은이

偶詠

산 늙은이랑 산새랑	山翁與山禽
한 처마 밑에 함께 살지요.	相宿一簷裏
어제는 제가 먼저 날더니	昨日渠先飛
오늘 아침에는 내 뒤에 일어났네요.	今朝後我起

• 작자 미상

지은이를 알 수 없는 작품이다. 농촌 마을과 산골에는 지금도 저렇게 사는 분이 여기저기 많을 것만 같다. 산의 일부로 특별할 것 하나 없는 초가집을 지어 살면, 산새가 찾아와 그 추녀 끝에 둥지를 튼다. 집의 소유주가 누구인지 따지는 것은 문명에 물든 인간의 버릇일 뿐, 산 늙은이도 산새도 초가집을 제 것이라 우기지 않는다. 그럴 필요가 없다. 오늘 아침은 산새보다 내가 먼저 일어났다고 뽐내는 이 할아버지 진짜 아이 같다. 늙은이와 산새가 사이좋게 한집 식구처럼 주고받는 대화를 혼자 사는 산 늙은이의 고독한 넋두리라고 봐서는 안 된다. 산 위로 막 솟아오른 햇살처럼 그 풍경 상쾌하고 기분 좋다.

친구의 죽음

哭劉主簿

인생은
한 번 피는 꽃
천지는 큰 나무다.

잠깐 피었다
도로 떨어지나니
억울할 것도 겁날 것도 없다.

人世一番花
乾坤是大樹
乍開還乍零
無寃亦無懼

• 원중거

영정조 시대의 학자 현천玄川 원중거元重擧(1719~1790)가 어느 바닷가 마을에서 친구를 조문하고 지었다. 삶이 있다면 죽음도 있게 마련이다. 그 법칙에서 벗어날 자는 아무도 없다. 죽어 마땅하다고 뒤돌아서 침 뱉을 고인이 몇이나 되겠는가? 사라지는 생명은 다 아쉽고 대개는 연민을 자아낸다. 더욱이 망자가 그냥 보내기 아까운 사람이고, 게다가 남보다 일찍 서둘러 세상을 버렸다면 훨씬 더 아쉽다. 이렇게 생각해보면 어떨까? 인생은 천지란 큰 꽃나무에 한 번 핀 꽃과 같은 것이라고. 어느 한 철에 피었다가 곧 지는 것이 인생인데 모진 바람에 빨리 지는 꽃도 있고, 조금 더 오래 핀 꽃도 있다. 어쨌든 인생은 꽃이다. 바다를 바라보면서 살아남은 자는 억울함과 두려움을 다독거린다.

관악산 꽃무더기

冠岳花層

앞다퉈 핀 철쭉꽃 위로
아침 햇살 내리쪼인다.

산 가득 붉은빛이라
파란 데가 외려 멋지다.

제철 만난 산꽃은 어여쁘게
한 무더기 또 한 무더기 꼭대기까지 에둘렀다.

봄이 저물까 걱정일랑 아예 말게나!
단풍 들면 붉은빛이 더 퍼질 테니.

躑躅花爭發
朝曦又照之
滿山紅一色
青處也還奇
得意山花姸
簇簇繞峨嵯
莫愁春已暮
霜葉紅更多

• 신경준

1760년 관악산에 철쭉꽃이 만발했다. 신경준申景濬(1712~1781)은 용산 강가에 위치한 남태제南泰齊의 첨학정瞻鶴亭에 앉아 관악산을 바라보았다. 철쭉꽃은 흐드러지게 피어 온 산이 벌겋게 불난 듯하다. 보는 이를 압도하는 붉은 철쭉! 그런데 붉은색 일색이라 그런지 군데군데 파란색 풀빛이 꽃보다도 사랑스럽다. 제철 만나 산을 뒤덮은 철쭉은 철 지나면 사라질까? 천만에. 그런 반전은 기대하지 않는 게 좋다. 여름 지나 가을이 되면 단풍은 더 붉게 산을 태우리라. 이 시는 관악산을 붉게 물들인 철쭉꽃의 찬미가다. 분명하다. 그런데 그 붉은색 관악산을 본 시인의 눈에 권력을 독점한 어느 당파의 전횡이 오버랩된다. 붉고 푸른 빛깔은 당파의 색목色目이다. 시인은 푸른 빛깔의 소수당 소속이라, 자기 연민에 사로잡힌다. 계절이 바뀌면 달라질까. 천만에. 단풍이 산을 뒤덮듯 주도권을 쥔 세력은 때가 되면 다시 모습을 드러낸다. 봄날의 붉은 꽃에도 정치는 살아 있다.

황혼
黃昏

황혼 뒤에 작은 달은 떨어지고
푸득푸득 새는 날아 산 빛 속에 숨어든다.

대청 앞의 늙은 파수꾼은 휘늘어진 나무
성곽 너머 고매한 어른은 우뚝 높은 산

경박한 세상이라 뼈만 앙상한 몸을 싫어하고
흐르는 세월은 젊은 얼굴을 앗아간다.

나는 너와 은혜와 원한을 다투지 않건만
무슨 일로 벌레처럼 헐뜯으려 덤비는가?

纖纖月墮黃昏後
拍拍禽投翠靄間
廳前老守婆娑樹
笏外高人偃蹇山
薄俗已嫌疎骨體
流光漸奪少容顏
我非與汝爭恩怨
何事忧虫復欲訕

• 이광덕

황혼을 바라보며 무언가를 생각해보지 않은 사람이 없으리라. 인생의 황혼기에 접어든 사람이라면 더 그럴 것이다. 이광덕李匡德(1690~1748)은 어느 날 황혼 무렵 마루에 가만히 앉았다. 어둠이 조금씩 밀려오고 새들도 숲으로 자러드는 시간 대청 앞의 큰 나무는 나이 든 파수꾼처럼 의젓하고, 성곽 너머 높게 솟은 산은 고매한 어른인 양 당당하다. 생각하면 할수록 억울하고 화가 난다. 경박한 세상은 앙상하게 뼈만 남은 늙은이를 무시하고, 세월은 젊고 팽팽한 피부를 빼앗아버렸다. 그저 열심히 살아온 죄밖에 없는데 아직도 욕만 실컷 얻어먹고 산다. 황혼에 찾아드는 허전함과 억울함은 그만의 감회는 아니다.

부채

題扇

천년의 역사를 보면서
몇 번이나 내려쳐 부쉈던가?

열 길 높이 솟구친 먼지
가로막으려 자주 펼쳤네.

한평생 백옥 같은
그대 모습 잘 아나니

길 가는 수많은 사람들
그대 마음에 드는 이 없네.

幾回擊絶千年事
也復橫遮十丈塵
知子生平藏玉貌
路中人少意中人

• 최창대

숙종조의 명신 곤륜昆侖 최창대崔昌大(1669~1720)가 부채를 주제로 썼다. 시벗 홍세태洪世泰가 오래 사용해온 부채가 닳고 헤어져 더는 쓸 수 없게 되자 새것으로 바꿔주고 헌것에는 시를 써서 돌려주었다. 조선 시대의 선비들은 여름이고 겨울이고 부채를 손에서 놓지 않았다. 손에서 부채가 떠나면 손과 마음이 허전하였다. 부채는 더위를 몰아내는 단순한 도구에 그치지 않았다. 지난 역사를 읽다가 분개하면 부채를 내리쳐 울분을 삭이고, 문밖을 나서 더러운 세상 꼴을 도저히 볼 수 없으면 그것으로 차라리 내 낯을 가렸다. 부채는 주인의 마음이었다. 그 부채가 이제 다 망가졌으니 그 주인의 속마음을 너무도 잘 안다. 이 도시 어디에도 마음을 나눌 사람 하나 없는 주인의 고독과 울분을.

호젓한 집

幽居

봄풀이 사립문을 덮은 곳
숨은 집이라 세속의 일 드물다.

꽃이 나직해 향기 베개에 스미고
산이 가까워 비췻빛 옷에 물든다.

빗방울 가늘어 연못 수면에서나 보이고
바람 약해서 버들가지 끝에서나 알겠다.

천기가 흔적을 남기지 않는 곳
담담하여 마음과 어긋나지 않는다.

春草上巖扉
幽居塵事稀
花低香襲枕
山近翠生衣
雨細池中見
風微柳上知
天機無跡處
淡不與心違

• 송익필

자연의 변화는 번잡한 도회지보다는 호젓한 산속에 숨어 사는 이의 거처에서 더 멋스럽게 보인다. 고독과 고요함을 즐긴 송익필宋翼弼(1534~1599)에게는 그 변화가 더 각별하다. 베개에 스미는 향기, 옷에 물드는 푸른빛, 너무 가늘어 연못의 물을 봐야만 떨어지는 줄 아는 빗방울, 버들가지 끝에서나 확인할 수 있는 바람. 혹시라도 사람이 알아차릴까 봐 염려하는 듯 소리도 없이 왔다가 흔적도 없이 사라진다. 그렇게 왔다가 가는 것이 자연의 이법, 바로 천기天機다. 호젓한 곳에 머무니 마음도 자연을 닮아가는 듯 담담해진다. 세속에 몸담고 있어 가끔 그 호젓함이 부럽다.

빛을 탕감해 주었으면

呈分司乞蠲戶米

호젓한 초가집을 개울가 응달에 장만하여
메추라기와 작은 숲을 나눠 차지했지만

썰렁한 부엌에는 아침밥 지을 불이 꺼졌고
쓸쓸한 절구에는 새벽 서리만 들이친다.

초가삼간에는 빈 그릇만 달랑 걸려 있고
쌀알 한 톨은 값이 만금이나 나간다.

낙엽 쌓인 사립문에 관리가 나타나자
삽살개는 짖어대며 흰 구름 속으로 달아난다.

• 정초부

幽棲寄在澗之陰
分與鷃鶉占一林
冷落山廚朝火死
蕭條野碓曉霜侵
三椽小屋懸孤磬
一粒長腰抵萬金
落葉柴門官吏到
仙尨走吠白雲深

가난뱅이 시인의 낭만적 넋두리다. 영조 시대의 노비 시인 정초부鄭樵夫(1714~1789)의 초가집으로 쌀빚을 갚으라고 아전들이 쳐들어왔다. 그에게는 갚을 쌀도 없고 버틸 힘도 없다. 다행히 시를 쓸 능력은 있었다. 며칠 굶은 궁상을 늘어놓아 빚을 갚을 처지가 못 된다고 하소연했다. 메추라기와 산자락을 사이좋게 나눠 차지했다고 하니 그의 삶은 메추라기처럼 미약해보이고, 삽살개가 짖어대며 흰 구름 속으로 달아났다고 하니 조금만 더 몰아세우면 그도 곧 영영 이 고통스러운 세상을 버릴 것만 같다. 시를 아는 관리라면 연민의 감정이 솟구쳐 그냥 되돌아갔으리라. 시는 때때로 논리가 정연한 문서보다도 강한 힘이 있다.

아이들에게
次兒輩韻還示

한밤에 때때로 조용히 앉아
등불을 마주해도 부끄럽지 말아야지.

몸이 즐거우면 지금 여기가 옛날이고
마음을 비우면 불길도 얼음처럼 식는다.

첫 관문을 열고 간 이 누구일까
저 높은 언덕에 오르려는 자 없구나.

배움이란 탑을 오르기와 같나니
끝내는 꼭대기로 올라가야지.

中宵時靜坐
不愧對明燈
身喜今猶古
胸空火與氷
此關有誰透
彼岸無人登
進學同升塔
終須到上層

• 홍인모

아들딸이 시를 지어 부모에게 보여주자 부모가 다시 똑같은 형식으로 시를 지어 아들딸에게 주었다. 홍인모洪仁謨(1755~1812)와 그 아내 서영수각徐令壽閣, 그리고 자녀들의 모습이다. 요즘에는 상상하기 힘든 가정 풍경이다. 부부가 자녀들과 시를 지어 주고받고 돌려보는 일은 옛날에도 드물었다. 유독 홍인모 집안은 가족 간에 주고받은 시의 비율이 월등하다. 아버지는 아이들에게 당부하고 싶은 이야기를 시로 썼다. 몸은 건강하게, 마음은 욕심으로 채우지 말고 비워라! 욕망에 집착하는 관문을 열어젖히고 높은 이상의 피안彼岸으로 가라! 말은 짧으나 여운은 길게 남는 가르침이다.

살 곳 정하고

呼韻

시장과 먼 곳에다 살 곳 정하고
약초 심고 이엉 엮어 집을 지었네.

꽃 앞에는 술이 있어 함께 취하나
버들 아래 문 있어도 찾는 이 없네.

방마다 책과 그림 가득 채우고
부엌에는 생선과 나물 넉넉하여라.

지극한 즐거움이 여기 있나니
속인들 조롱해도 괘념치 않네.

卜居遠朝市
種藥又誅茅
酒有花前醉
門無柳下敲
圖書常滿室
魚菜更餘庖
至樂元斯在
不嫌俗子嘲

• 서영수각

명문 사대부 집안의 부인이자 어머니인 서영수각徐令壽閣(1753~1823)의 시다. 겉으로 보면 무엇 하나 부러울 것 없이 권력과 부를 누린 가정을 꾸렸다. 그런 귀부인이 마음속에 담고 있는 행복이란 무엇이었을까? 자기가 소망하는 지극한 즐거움이 무엇인지 시를 보면 알 수 있다. 우선 권력이 있는 조정이나, 재물과 사람들이 모이는 시장과는 먼 곳에 살 집을 정하기로 한다. 집을 마련한 뒤에는 약초를 심고 초가지붕을 해 얹으리라. 그 집에서는 무엇을 하며 지낼까? 화단에 꽃이 피면 마시고 취할 수 있는 술을 넉넉하게 장만해놓되 찾아오는 사람은 없으면 없을수록 좋다. 부인이라 해서 술을 마시지 말라는 법은 없다. 방 안에는 책이 가득하고 부엌에는 물고기와 채소가 넉넉하게 있다. 먹을 것이 떨어지지 않고 좋아하는 책을 마음껏 읽을 수 있으니 더는 바랄 게 없다. 내가 바라는 것은 이것뿐이다. 세상 사람들은 뒤에서 수군거리겠지. 뭐든지 할 수 있으련만 저렇게 쓸쓸하게 책이나 읽고 나물이나 먹으며 살까 하고. 가진 자의 행복이 꼭 화려해야 하는 것만은 아니다.

빗속의 고래 싸움
雨中觀鯨鬪

고래가 비를 맞으며 바다에서 노는데
솟구친 이마와 코, 기세가 흉포하다.

높은 파도 말아 올려 우주를 막아선 듯
외로운 섬 뒤흔들어 폭풍우가 싸우는 듯

대양의 남만南蠻 배는 뒤집힐까 걱정하고
바닷가 어촌에는 비린내가 뒤덮였다.

회를 치면 배부르게 포식 한번 하겠구나
허리에 찬 청평검❖을 웃으며 바라본다.

鯨魚得雨戲滄溟
額鼻軒空氣勢獰
怒捲層濤妨宇宙
聲掀孤嶼鬪風霆
中洋蠻舶渾愁覆
傍岸漁村盡帶腥
斫膾可堪供一飽
笑看腰下有青萍

• 정홍명

송강 정철의 아들 정홍명鄭弘溟(1582~1650)이 동해 바닷가에 머물 때 비를 맞으며 성곽에 올랐다. 고래가 떼로 몰려와 솟구쳤고 어선이 다가가 총을 쏘며 잡으려 했다. 성곽 위에서 그 장면을 내내 지켜보던 그는 시를 지어 호쾌한 기분과 벅찬 감동을 힘차게 드러냈다. 운 좋게 본 장면에 몸도 마음도 바다와 고래의 기운을 받은 듯 허리에서 검을 뽑아 고래를 회 치고 싶다는 호기가 불끈 솟구쳤다. 누군들 그렇지 않으랴! 거대하고 역동적인 고래의 군무를 구경한다면 흉금이 툭 터질 것만 같다.

❖ 명검.

싸우는 개

鬪狗行

개 떼가 사이좋게 지낼 때는
꼬리 흔들며 잘도 어울려 다니지.

누가 썩은 뼈다귀를 던져주었나
한 마리 일어나자 우르르 달려들어

으르렁거리며 서로 싸우네.
큰 놈은 다치고 작은 놈은 죽어 소란스럽네.

추우❖를 귀하게 여기는 것은
하늘 위 구름에 높이 누워 있어서지.

衆狗若相親
搖尾共行止
誰將朽骨投
一狗起衆狗起
其聲狺狺狋吽牙
大傷小死何紛紛
所以貴騶虞
高臥天上雲

• 조지겸

17세기 소론의 거두 조지겸趙持謙(1639~1685)의 우언시寓言詩다. 동물의 생태를 통해 인간사를 말하려는 의중이 행간에 드러난다. 평소에는 친한 듯 지내다가도 뼈다귀만 발견하면 아무리 썩은 것이라도 목숨을 걸고 싸워서 차지하려고 든다. 개들의 습성이 그렇다지만 이익이 눈앞에 나타나면 물불 가리지 않고 낚아채 가려는 탐욕스러운 인간의 모습이 덧씌워져 있다. 그야말로 이전투구泥田鬪狗의 영상이다. 그러나 그 탐욕의 싸움에서 승자는 없고 모두가 크고 작은 상처를 입는다. 조지겸은 스무 살 전후의 젊은 나이에 이 시를 썼다. 젊은 패기의 눈으로 보니 정계의 진흙탕에서는 개싸움이 다반사다. 그도 자신만은 구름 위에 높이 누운 추우처럼 살리라 다짐했으리라.

❖ 전설의 짐승.

산을 내려오다 下山

도를 배운다는 것은 집착이 없다는 것	學道卽無著
인연이 되는대로 여기저기 노닐련다.	隨緣到處遊
푸른 학이 사는 골짜기를 선뜻 떠나	暫辭靑鶴洞
흰 갈매기 나는 물가에 와 구경한다.	來玩白鷗洲
천 리를 떠도는 구름 같은 신세로	身世雲千里
바다 한 귀퉁이 하늘과 땅에 서 있다.	乾坤海一頭
초당에 몸을 맡겨 묵고자 하니	草堂聊寄宿
매화에 비친 달, 이것이 풍류로구나.	梅月是風流

• 이이

율곡栗谷 이이李珥(1536~1584) 선생이 삶에 회의를 느껴 머리를 깎고 금강산에 들어갔다가 산을 내려왔다. 동해안을 따라 내려오다가 풍암豐巖 이광문李廣文 초당에 들러 하룻밤을 묵었다. 그때 율곡의 나이 스무 살이었다. 단도직입 그는 자문자답한다. 왜 어딘가로 떠나야 하는가? 도道를 배우는 것은 집착이 없는 것, 다시 말해 한곳에 머물지 않는 것이기 때문이다. 어디로 가야 할지 정해져 있지도 않다. 굳이 말해야 한다면, 인연이 있다는 것뿐이다. 오늘 잠시 동해안 바닷가 이 초당에 묵고 있다. 매인 데 없는 구름처럼 내일이면 다시 어딘가로 떠난다. 너는 누구냐고 묻는다면, 매화나무 가지에 비친 달이라고 말하고 싶다. 스무 살 청년의 방황과 패기가 행간에 스며있다.

❖ 원제는 〈보응 스님과 더불어 산을 내려와 풍암 이광문의 집에 이르러 그 초당에서 묵었다(與山人普應下山 至豐巖李廣文家 宿草堂)〉이다.

별을 노래하다

衆星行

밤 깊어 맑은 달 아래에서
뭇별들이 한창 반짝거리네.

엷은 구름으로는 가리지 못하고
찬바람 불면 빛이 더 나네.

진주알 삼만 섬이
파란 유리에서 반짝반짝!

허무에서 별빛이 무수히 일어나
우주의 원기를 북돋네.

부슬부슬 이슬꽃 내리고
동쪽에는 은하수 흐르는 소리.

누가 천체의 운행을 주관할까?
내 조물주에게 물어보리라.

夜深淸月底
衆星方煌煌
微雲掩不得
朔風就有光
眞珠三萬斛
磊落靑琉璃
群芒起虛無
元氣乃扶持
霏霏露華滋
明河聲在東
天機孰主張
吾將問化翁

• 이좌훈

이좌훈李佐薰(1753~1770)은 대여섯 살 때부터 시를 지은 천재 시인으로 유명하다. 그가 밤하늘을 무수하게 수놓은 별을 보고 시를 지었다. 이 시 역시 십 대 소년 시절의 작품이다. 찬란한 별 떼의 반짝임을 우러러보니 파란 유리 쟁반 위에 삼만 섬의 진주알이 쏟아져 흩어진 모양으로 보인다. 밤하늘의 무수한 별빛을 우러르던 것도 까마득한 옛일이 되었다. 도시에서는 그 같은 별 떼를 볼 일도 없고, 보려고 해도 볼 수가 없다. 별을 보며 허무의 우주공간을 상상하기도 힘들고, 귀로는 은하수가 흐르는 소리를 듣기도 어렵다. 깊어가는 밤하늘을 바라보며 신비로운 우주를 상상하는 한 소년의 호기심과 흥분이 전해온다. 조숙한 수재는 열여덟 살의 짧은 인생을 마감하고 별들의 고향으로 갔다.

한가한 내게 축하한다
閑中自慶

날마다 산을 보건마는
아무리 봐도 늘 부족하고
언제나 물소리를 듣건마는
아무리 들어도 싫증 나지 않는다.

자연으로 향하면
귀와 눈은 다 맑고도 상쾌해
그 소리와 그 빛 사이에서
평온한 마음 가꾸어야지.

日日看山看不足
時時聽水聽無厭
自然耳目皆淸快
聲色中間好養恬

• 충지

충지冲止(1226~1292)는 고려 후기의 고승으로 속명은 위원개魏元凱이다. 열아홉 살 때 과거에 장원급제하고 난 뒤 출가하였다. 시와 문장을 잘 지어《동문선》에 많은 작품이 실려 있다. 산에 사는 승려이니 눈에 보이는 것이 산이고, 귀로 듣는 것이 물소리다. 물리고 질리지 않을 수 없다. 그게 싫어 사람들은 산을 떠나고 들과 물을 떠나 도회지로 가서 사람들 틈에 섞이려 한다. 충지는 그들과 정반대의 방향을 택하였다. 몸을 자연 쪽을 향해 돌려놓으면 눈도 귀도 맑아지고 상쾌해진다고 하였다. 허구한 날 바라보고 들어도 질리지 않는다고 했다. 그의 자기 고백은 산수로부터 멀리 떨어져 사는 사람의 가슴을 친다. 산과 물을 향해 눈과 귀를 조금이라도 더 돌려놓아야겠다는 욕심이 솟아나게 한다.

논두렁 위에서

有感

농부의 별은
새벽녘 공중에서 반짝이고
안개 뚫고 서리 맞으며
동편 논으로 나간다.

시고 짠 세상맛은
오랜 가난 탓에 실컷 맛보았고
냉대와 환대는
긴 객지 생활에서 뼈저리게 겪었다.

부모님 늙으셨으니
천한 일을 마다할까.
재주가 모자라니
육체노동하기 딱 어울린다.

경략❖처럼 호쾌하게
이 잡아 죽이면서 말할 수는 없을까.

農丈人星曉暎空
烟霜衝冒稻陂東
酸醎已熟長貧日
冷暖偏經久旅中
親老那能辭鄙事
才踈端合役微躬

그저 온화한 낯빛으로　　談非景略何捫虱

촌 노인네 마주해야지.　　姑把溫顔對社翁

• 이덕무

청장관靑莊館 이덕무李德懋(1741~1793)가 이십 대 후반의 어느 해 가을걷이하는 논두렁 위에서 시를 썼다. 천안에 있는 논에서 그는 해마다 벼 열 섬을 수확하여 생계를 꾸렸다. 잠깐이나마 새벽같이 일 나가며 이런저런 감회가 밑도 끝도 없이 일어난다. 가난뱅이라서 시고 짠 세상맛도 실컷 보았고, 객지에서 남들의 냉대도 시리게 겪었다. 불쑥 인생의 고달픔이 주마등처럼 머리를 스쳐간다. 그래도 농사를 지을 땅이 있는 게 다행 아닌가? 불평 없이 몸을 움직여 일해야지. 아무래도 서울 샌님의 몸으로 익숙하지 않은 농사일을 하고, 낯선 농부들과 어울리기가 쉽지만은 않았으리라. 먼동 트는 논두렁길을 걸어가는 초보 농사꾼 선비의 서툰 몸놀림이 눈에 선하다.

❖ 중국 진晉나라 때 사람인 왕맹王猛의 자字. 그가 일찍이 환온桓溫과 함께 대화를 나눌 때 이(虱)를 문질러 죽이는 등 옆에 사람이 없는 듯이 거침이 없었다.

물 구경

觀漲

아침 되어 물을 보러 누각에 올랐더니
비는 내려 어둑어둑 늦어서도 아니 갠다.

높은 물결 덮쳐와서 작은 섬을 뒤흔들고
포효하는 물소리는 미친 우레 구르는 듯.

행인은 말 세우고 강 건너기 걱정하고
어부는 배 옮기나 힘에 부쳐 고생한다.

성 밑으로 아이들은 앞을 다퉈 낚시하여
작은 붕어 어렵잖게 버들가지에 꿰어 간다.

朝來觀水上層臺
一雨暝暝晩不開
高浪忽翻掀小島
大聲如吼轉狂雷
行人立馬愁難渡
漁子移舟力未回
城下兒童爭設餌
細鱗容易柳穿來

• 심육

저명한 양명학자陽明學者인 저촌樗村 심육沈錥(1685~1753)이 스물여섯 살 때 관서 지방을 여행하다가 큰비를 만났다. 당연히 대동강에 큰물이 질 터 강가 누대에 올라 불어난 물을 구경하러 나갔다. 아이들이 낚싯줄을 드리우고 물고기를 낚은 것을 보면 홍수 걱정 없이 봐도 좋았으리라. 장마 때나 태풍이 불 때면 으레 볼 수 있는 것이 물 구경이었다. 강물이 범람하지만 않는다면 장관을 연출하기에 옛날에는 그것을 관창觀漲이라 불러 여름철 풍광의 하나로 삼곤 했다. 도도하게 흘러가는 흙탕물을 보고 한편으로는 범람을 걱정하면서 한편으로는 멀리 바다로 쏜살같이 떠나가고 싶은 상상도 했다. 얕게 흐르던 강물이 잔뜩 불어 거세게 흘러가는 광경은 보는 이의 혈관에도 힘차고 억센 피가 흐르게 만드는가 보다.

소리 내어 읊다

放吟

믿지를 못하겠네, 인간의 술이
가슴속 걱정을 풀어낸단 말.

거문고 가져다가 한 곡조 타고
휘파람 길게 불며 언덕에 올라

천 리 너머 먼 곳을 바라보니
광야에는 쏴아쏴아 몰려온 바람.

현자도 바보도 끝은 같나니
결국에는 흙 만두가 되어버리지.

작은 이익 얼마나 도움된다고
소란스레 다투다가 원수 되는가.

그 누굴까 내 마음을 알아줄 이는
머리 풀고 일엽편주 물에 띄우리.

不信人間酒
能澆心裏愁
呼琴彈一曲
長嘯上高丘
高丘千里目
曠野風颼颼
賢愚同結束
竟作土饅頭
錐刀亦何利
擾擾成讐讐
誰歟會心人
散髮弄扁舟

• 신흠

상촌象村 신흠申欽(1566~1628)이 세상일에 마음 답답하여 소리 높여 시를 읊었다. 산다는 것은 이익을 놓고 아웅다웅 다투는 것, 남들과 갈등도 생기고 원수도 된다. 위의를 지키며 인생을 살아가기가 정말 힘들다. 똑똑하고 모자람을 가릴 것도 없고, 죽어서 무덤 속에 들어가는 것도 다를 바 없다. 그런 인생이니 걱정도 분노도 많다. 술을 마시면 걱정을 던다고 말들 하지만 괜한 소리다. 음악을 들으면 조금 풀릴 듯도 하나 그마저도 소용없다. 높은 산에 오르고 광야에서 바람을 맞으면 조금 나을까? 아예 모든 걸 포기하고 마음에 맞는 사람과 배를 타고 먼바다로 떠난다면 풀어질까? 살다 보면 불쑥불쑥 일어나는 울분과 허무함, 무작정 어딘가로 떠나야만 다시 시작할 수 있을 것만 같다.

송붕
松棚

작은 초가라서 처마가 짧아
무더위에 푹푹 찔까 몹시 걱정돼

서늘한 솔잎으로 햇살을 가려
한낮에도 욕심껏 그늘 얻었네.

새벽에는 이슬 맺혀 목걸이로 뵈고
밤에는 바람 불어 음악으로 들리네.

도리어 불쌍해라, 정승 판서 집에는
옮겨 앉는 곳마다 실내가 깊네.

小屋茅簷短
偏愁溽暑侵
聊憑歲寒葉
偸得午時陰
露曉看瓔珞
風宵聽瑟琴
却憐卿相宅
徙倚盡堂深

• 권필

조선 중엽의 제일가는 시인이라 칭송을 듣던 권필權韠(1569~1612)의 시다. 송붕松棚 또는 송첨松簷은 소나무 가지를 처마에 덧대어 햇살을 막는 차양遮陽이다. 무더운 여름을 시원하게 보내려는 선인들의 운치 있는 고안품이다. 가난한 시인이 송붕 아래 걸터앉았다. 이 무더위에 그늘에서 지내는 호사를 가난뱅이도 누린다고 한껏 자랑한다. 송붕은 시원한 그늘만 선물하는 것이 아니다. 새벽이면 이슬이 맺히고 밤이면 솔바람 소리가 시원하게 들려온다. 마치 귀족들이 차고 다니는 값비싼 목걸이처럼 보이고 현악기의 합주처럼 들린다. 고래 등 같은 저택의 깊숙한 방 안에 처박혀 지내는 귀인들보다 더 시원하게 여름을 보낸다는 생각도 든다. 무더위를 이기는 데 꼭 좋은 집만 필요한 것은 아니다.

여름밤

夏夜

개구리도 맹꽁이도
풀섶에서 잠잠하고
달 밝은 뜨락에는
홑옷을 다리는데

하늘에서 이슬 내려
이렇듯이 시원할 때
희디흰 봉숭아꽃
함초롬히 젖어 있네.

날 저물자 박쥐란 놈
헛간을 돌아 날고
비 그쳐 젖은 뜰을
두꺼비 이사 가네.

담 모퉁이 무너져서
달빛은 쏟아지고

蛙黽聲沈藥草肥
月庭時見熨單衣
一天露氣凉如許
白鳳仙花濕不飛

昏飛蝙蝠遶虛廳
晴徙蟾蜍過濕庭

박꽃은 새하얗게
일제히 피어 났네.

破敗墻邊多月色
匏花齊發素亭亭

• 유득공

《발해고》의 저자로 유명한 실학자 유득공柳得恭(1748~1807)의 시다. 청년 시인이 다섯 수로 묘사한 풍경 가운데 두 편이다. 혹독한 더위가 물러가고 찬바람이 조금씩 불어오는 무렵의 여름 밤이다. 지금도 혹시 외딴 농촌 마을에서 볼 수 있을까? 그 옛날의 농촌 풍경처럼 보이지만 실은 서울 사대문 안에 있던 시인의 집 풍경이다. 한낮의 더위가 물러나고 어둠이 몰려온 뜰에 서면 시인의 감각은 생기를 회복한다. 한 모퉁이에서 모습을 드러낸 개구리, 맹꽁이, 박쥐, 두꺼비가 반갑고, 달빛 스며든 뜨락에서 다리미질하는 아내의 모습도 새삼 정겹다. 그러나 화단 한편에서 이슬에 젖은 채 하얗게 피어 있는 봉숭아꽃과 달빛 아래 담장 위에 나란히 피어 있는 하얀 박꽃만 할까? 아름답다는 말 한마디 없이 그저 글로 옮겨놓았을 뿐인데, 그 풍경 속으로 빨려 들어간다.

시험에 떨어지고

下第

책 보따리 달랑 들고 부모 곁을 떠났건만
객지에서 고생 끝에 실의하여 돌아가네.

과거에 급제 못 한 오늘의 한 어찌 풀까
고향의 박 넝쿨은 이태 넘게 못 보았네.

자넨 시름겹게 바다의 달만 보며 가고
나는 구름 조각 떠가는 강하늘만 응시하네.

그래도 눈물 마른 규방의 아내가 안쓰러워
또다시 베를 잘라 귀향 편지 쓰게 할까?

• 장유

獨携書笈別親闈
久客偏憐旺躁歸
攀桂可堪今日恨
敦瓜贏得隔年違
愁邊海月團團影
望裏江雲片片飛
却想秋閨粧淚盡
何心更斷錦文機

계곡谿谷 장유張維(1587~1638)가 과거 시험에 떨어져서 처가로 돌아가는 사람을 배웅하였다. '시험에 떨어져서 황해도 처가로 돌아가는 장희직을 배웅하다(送張生希稷下第後歸海西婦家)'란 긴 제목의 시이다. 천 년 이상 시험으로 인재를 뽑은 제도가 유지되었기에 출세하려면 시험이란 좁은 관문을 통과해야 했다. 그때도 시험공부의 최적지는 서울이라, 몇 해 동안 객지 생활을 했으나 보람도 없이 보기 좋게 낙방하고 말았다. 떠나는 사람도 보내는 사람도 상대를 보지 못하고 달만 보고 하늘만 쳐다본다. 그래도 갈 곳은 아내 곁이라 처가로 향한다. 어떤 위로도 힘이 되지 못하겠지만 이 시는 그의 눈물샘을 자극할 것만 같다. 서울 하늘 아래에는 지금도 책 보따리 달랑 들고 시험에 매달린 사람이 수도 없이 많다.

생각이 있어
有所思

허둥지둥 달려온 마흔여섯 세월
거친 꿈은 아직 식지 않았는데

가을빛은 천 리 멀리 몰려오고
석양은 하늘에서 내리비친다.

강호의 곳곳은 아우들이 차지하고
비바람 속 벗들은 곁을 떠난다.

남산의 달빛 아래 홀로 섰더니
고목가지엔 거미가 줄을 치고 있다.

悤悤四十六
磊落未全消
秋色生千里
夕陽照九霄
江湖弟子在
風雨友生遙
獨夜終南月
蛛絲古木條

• 황오

녹차綠此 황오黃五(1816~?)의 작품이다. 사십도 중반을 넘긴 중년 남자의 뒤숭숭한 마음자리가 쓸쓸하다. 정신없이 바쁘게 살아온 중년도 막바지다. 이제 곧 노인 축에 들어도 젊은 날의 호쾌한 꿈을 접기에는 이르다. 천지를 단풍으로 물들이며 밀려오는 가을빛과 석양을 붉게 물들인 노을은 이번 생에 볼 마지막 기회인 양 찬란하다. 그러나 세상에는 벌써 동생뻘들이 자리를 차지하고, 내 또래들은 세파에 밀려 하나둘씩 주변에서 사라진다. 나라고 별수가 있는 것은 아니다. 달빛 아래 홀로 서서 생각에 잠겨 있는데 고목의 나뭇가지 사이로 거미란 놈이 열심히 줄을 친다. 헛된 꿈에서 깨어 시들어가는 몸과 나이를 받아들이라고 충고하는 걸까? 중년 남자의 허전한 심사는 그렇게 어둠에 묻혀간다.

2

하루 종일 저편
숲에서는

마을이 보이네

村望

청산 아래 마을이
터를 잡고서
맑은 시내 주변으로
동산이 있네.

집집마다
저물 무렵 다듬이 소리 울리고
곳곳에서
밥 연기가 피어오르네.

세금 내니
남은 것은 얼마 안 되나
질항아리 두드리며
자연 즐기네.

전쟁이 휩쓸고 간
땅이지마는

村住青山下
園林綠水邊
家家鳴夕杵
處處起炊煙
官租輸餘幾
陶盆樂自然

태평 세상 다시 볼 줄	何知兵火地
어찌 알았으리?	重見太平天

• 정온

선조와 광해군 시대를 살다간 동계桐溪 정온鄭蘊(1569~1641)의 시다. 시인은 임진왜란과 병자호란을 겪으면서 강직한 신념과 불굴의 지조로 국난에 대처하여 존경을 받았다. 참혹한 임진왜란이 지나간 뒤 영남과 한양을 오가던 중 시인은 어떤 마을 풍경에 시선이 갔다. 집집이 베틀이 돌아가고, 밥 짓는 연기가 지붕으로 올라온다. 없는 살림이지만 질항아리를 두드리며 장단 맞춰 노래한다. 전쟁 통에 잃었던 일상이 다시 시작되는 모습이다. 병화兵火가 아무리 큰 상흔을 남겼어도 인간의 삶은 계속된다는 안도감이랄까, 놀라움이랄까. 일상은 그것이 깨진 뒤에야 그 소중함을 깨닫게 된다.

시인의 수레

次黃山韻

꽃피는 철에 술을 보면
탄식이 절로 나니
돈으로도 술로도
세월은 잡지 못하지.

부끄러워라!
나는 주린 배나 채우는 보리밥이어도
그대는 세상에 드문 창포꽃 같은 사람.

차 달이는 곳에는
파리와 모기가 적은 법
대추나무 시집보내는 집에는
벌과 나비 떼 몰려들리라.

석류꽃이 눈에 가득
불꽃처럼 피어날 때
문 앞에는 덜컹덜컹

芳辰對酒每咨嗟
難把酒錢歲月賖
愧我塡腸同麥飯
如君稀世是菖花
蠅蚊應少拈茶處
蜂蝶爭喧嫁棗家
滿眼石榴開似火

시인의 수레 도착했구나. 門前轢轢到詩車

• 김정희

추사秋史 김정희金正喜(1786~1856)의 시다. 어느 봄날 절친한 친구였던 황산黃山 김유근金逌根(1785~1840)이 집으로 찾아오자 그와 함께 지었다. 꽃이 있고 술이 있어도 뜻이 맞는 친구가 없다면 쓸쓸함은 더해진다. 자신은 주린 배를 채우는 보리밥, 친구는 세상에 드문 창포꽃이라 하다니, 추사처럼 도도한 사람도 친구가 그리울 때는 작아진다. 화려한 곳으로 남들이 몰려갈 때 고고하게 차를 달이는 나를 찾는 친구이니 오죽하랴! 불타는 듯한 석류꽃에 마음이 외로워질 때 문밖에는 벌써 시인을 태운 수레가 도착했다. 그도 분명 나처럼 외로웠으리라.

성거산 원통암 창가에서

題聖居山元通庵窓壁

동쪽에서 눈부시게
해가 떠오르고
신령한 비인가
나뭇잎이 떨어진다.

창문을 열자
온갖 걱정 말끔해지고
병든 몸에서는
날개가 돋으려 한다.

東日出杲杲
木落神靈雨
開窓萬慮淸
病骨欲生羽

• 남효온

남효온南孝溫(1454~1492)은 단종에게서 왕위를 빼앗은 세조의 불의에 줄곧 항거하였다. 그가 서른두 살에 개성 성거산을 올라 원통암에서 하룻밤 묵었다. 아침에 일어나 해가 떠오르는 동쪽을 바라보니 온 천지에 나뭇잎이 떨어진다. 늦가을 아침 햇살을 받으며 우수수 지는 낙엽! 그의 눈에는 산신령이 흩뿌리는 비다. 창문을 열어젖히자 눈에 들어오는 해맑은 산, 신령한 비가 모든 더러운 것을 씻어간 게다. 가슴에 쌓인 걱정도 사라지고 병든 몸 겨드랑이에도 날개가 돋아날 것만 같다. 낙엽은 시들어가고 사라지는 것의 표상이다. 그 낙엽을 보며 생명의 약동함을 느끼는 자 있던가? 그러나 남효온에게 낙엽은 우울한 낙하가 아니라 생명을 잉태한 신령한 비다. 낡고 묵은 것이 스스로 떨어져 온 세상을 비움으로써 새 생명이 활개 칠 세상을 펼쳐놓는다. 병든 몸에 다시 생기를 불어넣는 신령한 비다. 그처럼 한번 생각을 바꿔봐야겠다. 목락신령우木落神靈雨! 신령의 비가 되어 지금 천지에 잎이 진다.

섣달그믐의 술자리 除夕飮

도성에는 열 길 높이
부연 먼지 떠오르며
명예 다투고 이익 좇아
동과 서로 뛰어다니네.

정말 이상하다
우리 집안 형님들은
이 바쁜 세상에서
담백한 모임 가지네.

담백한 모임은
거듭하면 깊은 맛이 우러나도
바쁜 일은
겪고 나면 흔적조차 사라지네.

매화 모임 하고 나서
그믐날의 술자리

城塵十丈浮軟紅
爭名射利汨西東
獨怪吾宗諸夫子
作閑淡事熱鬧中
閑淡積來味啖蔗
熱鬧經盡迹飛鴻

차례대로 즐기면서 梅花會後除夕飮

끝없이 이어가리. 次第取樂眞無窮

• 조귀명

영조 초반기의 이름난 문장가인 동계東谿 조귀명趙龜命(1693~1737)이 섣달그믐에 썼다. 가까운 친척들이 연말이면 모여서 매화를 감상하는 매화회梅花會를 열고, 이어서 그믐날에는 한 해를 보내며 술을 마시는 제석음除夕飮을 열었다. 매화가 없으면 빌려서라도 즐겼다. 젊고 여유롭던 시절이라 친척들과 어울림은 즐거웠다. 경쟁에 여념이 없는 바쁜 세상에서 누리기 힘든 그 모임은 맛으로 표현하자면 깊이 우러나는 담백한 맛이다. 그러나 나이 들고 하나둘 세상을 뜨고 바쁘게 살면서 모임은 이어지지 못했다. 지나고 보면 바쁜 인생은 흔적조차 남기지 않는데 말이다.

야설

野雪

눈을 뚫고
들판 길을 걸어가노니
어지럽게 함부로
걷지를 말자.

오늘 내가 밟고 간
이 발자국이
뒷사람이 밟고 갈
길이 될 테니.

• 이양연

穿雪野中去
不須胡亂行
今朝我行跡
遂作後人程

정조와 순조 때를 살다 간 시인 임연당臨淵堂 이양연李亮淵(1771~1853)의 작품이다. 김구金九 선생의 애송시로 애독자가 많이 있다. 서산 대사의 작품으로 잘못 알려져 논란이 있으나, 정작 서산 대사의 문집 《청허집淸虛集》에는 실려 있지도 않다. 이양연의 시집 《임연당별집臨淵堂別集》에 실려 있고, 구한말의 잡지 《대한협회회보》 제2호(1908)와 《대동시선大東詩選》에도 이양연의 작품으로 올라 있어 논란의 여지가 없다. 게다가 짧은 시에 촌철살인의 시상을 멋지게 펼쳐내고, 따뜻한 인간미와 깊은 사유를 잘 담아내는 이양연의 전형적 시풍을 보여준다. 어느 날 눈길을 헤치고 들판을 걸어가면서 자신의 행로가 지니는 의미를 반추해본다. 누가 보지 않아도 똑바로 걷자. 혹시라도 내 행로가 뒤에 올 누군가의 행로를 비틀거리게 할지도 모른다. 누가 뭐라 하지 않아도 똑바로 살자. 내 인생이 다른 인생의 거울이 될 수도 있다. 아마 이런 뜻의 잠언이리라. 순백純白의 설원雪原에 서면 맑은 영혼으로 인생의 의미를 생각하게 하나 보다.

가을 농가

秋日田家卽事

추수철이 다가오며
날씨가 서늘하니
농촌의 멋진 풍치
꼽아봐도 좋겠구나.

통발에서 꺼낸 은어
소반 위에 회가 되고
상에 오른 검정 게는
솥 안에서 끓고 있다.

나무 가득 붉은 과일은
햇살에 반짝이고
황금빛 벼이삭은
벌써 서리를 맞았다.

처마 앞에 늙은 국화는
한결 어여뻐서

節近西成天氣凉
田家風致若爲量
銀唇出笱肯盤雪
青殼登床可鼎湯
滿樹丹璜方曜日
盈枝金粟已經霜

노란 꽃잎 따다가
술잔에 띄워야지.

簷前老菊尤堪賞
須把黃鬚泛玉觴

• 이응희

수리산 아래 군포시 산본에서 평범한 시골 선비로 한평생을 살다 간 이응희李應禧(1579~1651)의 시다. 노랗게 물든 가을 논을 바라보며 "장관이다, 장관이여!"라고 흐뭇하게 외치는 농부가 떠오른다. 농부에게 그보다 장엄한 풍경은 없으리라. 가을의 풍성함은 눈길 돌리는 데마다 보인다. 은어도 게도 넉넉하게 밥상에 오르고, 사과도 감도 햇빛에 반사되어 붉게 반짝인다. 술잔에 노란 국화 꽃잎 하나 띄워 마시는 멋도 부리게 한다. 가을 들녘은 해가 막 넘어가는 무렵의 낙조처럼 장관이다. 가을이 무르익는 들로 나가고 싶어진다.

비꼴 일이 있다

有諷

솔개가 병아리를 낚아채서
동산의 높은 나뭇가지에 앉았네.

가련하다, 하늘 높이 날아야 할 새여
배고프면 못 하는 짓이 없구나.

불쌍하다, 세상의 선비된 자들이여
앞으로 무슨 짓을 할지 알기 어렵네.

처음부터 끝까지 잘해야 하나니
공연히 목소리만 높이지 마라!

鳶攫雞兒去
東山高樹枝
可憐九霄翼
飢來無不爲
矜矜世上士
前頭難預期
惟自善終始
莫謾大其辭

• 김도수

춘주春洲 김도수金道洙(1699~1733)는 숙종 임금의 외사촌뻘이다. 왕가의 외척이기는 했으나 불우하게 지내며 일그러진 세태를 풍자한 시를 즐겨 지었다. 병아리를 채가는 솔개는 고고하게 살아가는 지식인과 관료다. 그들이 살아가는 터전은 하늘이건만 배만 고프면 하늘을 버리고 지상으로 낙하한다. 욕구를 채우려고 안 하는 짓이 없다. 그런 자들이 앞으로 어떤 일을 벌일지 범인凡人이 어떻게 짐작하겠는가? 고상한 척 정의로운 척 큰소리친 그들의 과거를 믿어선 안 된다. 병아리만 당한다. 지금도 지상으로 낙하하는 솔개가 곳곳에 나타나고 있다.

소망

所望

내 소망은 많지도 크지도 않아
자식이나 키우며 일없이 살고파.

동산 한 곳 장만하여 나무를 심고
창고에는 벼 백 섬을 거둬들이지.

공부시켜 선대 가업 이어나가고
닭을 삶고 돼지 잡아 이웃 부르네.

유유히 한 백 년을 지내는 동안
태평시대 백성으로 보내고 싶네.

所望不豊侈
閑居養子孫
一區園種樹
百斛稻收囷
文史傳先業
鷄豚會比隣
悠悠百歲內
願作太平民

• 이봉환

우념재雨念齋 이봉환李鳳煥(?~1770)은 영조 말엽 사도세자를 옹호하다 비명에 죽었다. 명성도 제법 누렸고 낮은 직책을 얻은 적도 있으나 늘 미래가 불안했다. 능력을 갖추고 있다고 자부했으나 높은 지위에 오르는 것은 불가능했다. 자신에게 암시하듯 그가 인생의 소망을 시로 읊었다. 작은 동산을 마련하여 나무를 심고 벼를 백 섬 수확하여 살림살이를 튼튼히 한 다음에는 아이들 교육을 시키고 이웃들과 어울려 지낸다. 한평생 특별한 사건 없이 태평시대의 평범한 백성으로 살아가기를 바랐다. 옛사람들이 꿈꾸었던 청복淸福이 이루어지기를 꿈꿨다. 그의 소망은 오늘날 중산층 시민의 삶과 많이 닮았다. 그러나 편안하고 소박한 삶을 영위하는 것도 사치에 불과한 꿈이 되었다.

조금 걸어본다

小步

개울 북쪽이라 바람 따사로워
눈이 잘 녹았구나!
저물 무렵 가볍게 걸어서
동쪽 다리로 나왔더니

창공이 드넓게 펼쳐져
북으로 갈 기러기는 의기양양하고
얼었던 물이 풀려 흐르니
누워 있던 버들이 활기를 찾았네.

동산의 풍경은
지난겨울과 다름없어도
등불 켜고 봄을 즐기는
대보름이 다 되었네.

젊은이의 행락은
내가 할 일 아니라도

溪北和風雪易消
晚來閑步出東橋
歸鴻得意天空闊
臥柳生心水動搖
物色園林如去歲
春遊燈火到元宵

감귤 두 개에 술 한 말	少年行樂非吾事
콧노래가 절로 나오네.	斗酒雙柑亦自謠

• 홍세태

유하柳下 홍세태洪世泰(1653~1725)는 숙종 때 여항閭巷의 시단을 이끈 대시인이다. 해가 바뀌고 대보름이 다가오는 철, 양지바른 곳에는 쌓인 눈이 먼저 사라졌다. 겨우내 틀어박혀 있다가 가까운 들판으로 나와 조금 걸어본다. '소보小步'란 원제목이 참 정겹다. 날이 풀려 기러기가 북으로 돌아가기 좋게끔 창공은 드넓고, 죽은 듯 누워 있던 버들이 다시 일어나게끔 얼음이 풀려 시냇물도 다시 흐른다. 이제 억눌렸던 모든 존재에게 활기차게 살아갈 환경이 마련되었다. 풍경이 크게 바뀐 것은 아니어도 새봄은 틀림없다. 젊은 애들처럼 행락 분위기에 휩쓸릴 수야 없지만 술동이를 받아놓고 콧노래를 흥얼거리는 것쯤은 당장에라도 하고 싶다. 적설이 풀려 새봄맞이 소보를 내딛으니 찌뿌듯하던 몸과 마음도 활기를 되찾는다. 기러기의 비상과 버들의 생기는 천하의 명구다.

어린 아들
稚子

얼굴도 잘생긴 어린 내 아들
흐리거나 맑거나 걱정이 없네.

풀밭이 따스하면 송아지처럼 내빼고
과일이 익으면 원숭이인 양 매달리네.

언덕배기 지붕에서 쑥대 화살 날리고
시냇가 웅덩이에 풀잎 배를 띄우네.

어지럽게 세상에 매인 자들아.
어떻게 너희들과 함께 놀겠나!

稚子美顏色
陰晴了不憂
草暄奔似犢
果熟挂如猴
岸屋流蓬矢
溪坳汎芥舟
紛紛維世者
堪與爾同游

• 정약용

다산茶山 정약용丁若鏞(1762~1836)이 젊은 시절에 지었다. 서울에서 벼슬살이하며 한창 바쁘게 지내던 시절, 어린 아들도 무럭무럭 자라고 있다. 아들은 날씨가 맑거나 흐리거나 개의치 않고 뛰어놀기에 정신이 팔려 있다. 세상이 어떻게 돌아가든 알 필요도 없고 알 수도 없는 천진한 아들이다. 옛날 어린이들이라면 누구나 그랬음 직하다. 얼굴이 잘생겼다며 귀여워 못 견뎌하는 마음까지 드러낸 것을 보면 다산도 평범한 아들 바보다. 아들만 보고 있으면 모든 것이 아름답다. 그러나 문밖 세상을 오가는 사람들은 딴판이다. 아들의 천진함은 어디서도 찾아볼 수 없다. 도저히 함께 어울릴 마음이 나지 않는다. 그게 어린 아들과 험한 세상의 차이다.

매천 선생 묘소에서

梅泉墓

대지에는 까마득히
호겁浩劫의 재난 한창이고

서대❖에는 달도 지고
저문 강엔 날도 차다.

붓을 잡은 지금은
땅이 없어 시름할 때

봄바람이나 그리고
난초는 그리지 말자.

• 이건방

大地茫茫劫正闌
西臺月落暮江寒
秖今筆下愁無土
但畫春風莫畫蘭

구한말의 항일 우국지사 이건방李建芳(1861~1939)이 매천 황현黃玹 선생의 묘소에 올랐다. 매천의 묘소는 아무도 찾지 않아 쓸쓸하기 한량없다. 하기야 서슬 퍼런 일제의 눈길을 피해 감히 매천의 묘소를 찾을 자 누가 있으랴! 묘소를 참배하고 사방을 둘러보니 어둠에 묻힌 대지는 큰 재난의 사악한 기운이 한창 지나가는 중이다. 망국을 개탄하며 자결한 지사의 무덤은 어둡고 춥다. 그 앞에서 나 같은 글쟁이는 무엇을 써야 하나? 선비의 고결한 자태를 상징하는 난초는 그리지 말자. 난초는 땅을 함께 그려야 하건만 국토를 잃은 망국민의 처지가 아닌가? 땅을 밟지 않고 스쳐 지나가는 봄바람이나 그리자. 땅을 되찾는 그날이 되면 난초를 멋지게 그리리라. 매천의 무덤 앞은 땅을 잃은 무토無土의 지사가 울분을 토해내기 좋은 곳이다. 고결하고 매서운 두 지사의 영혼에 옷깃이 여며진다.

❖ 송나라의 충신 사고謝翺가 원나라에 패해 죽은 문천상文天祥을 애도한 장소. 절강성 동려현桐廬縣 부춘산富春山에 있는 유명한 낚시터다. 그가 서대에 올라 통곡하고 〈서대에 올라 통곡한다(登西臺慟哭記)〉를 지었다.

김장
蓄菜

시월이라 바람 세고
새벽 서리 매서워져
울 안팎의 온갖 채소
다 거둬 들여놓네.

김장을 맛나게 담가
겨울나기 대비해야
진수성찬 아니라도
하루하루 찬을 대지.

암만 봐도 겨우살이는
쓸쓸하기 짝이 없고
늙은 뒤로는 유난스레
감회에 깊이 젖네.

이제부터 먹고 마실 일
얼마나 남았으랴

十月風高肅曉霜
園中蔬菜盡收藏
須將旨蓄禦冬乏
未有珍羞供日嘗
寒事自憐牢落甚
殘年偏覺感懷長

한 백 년 세월은	從今飮啄焉能久
유수처럼 바쁜 것을.	百歲光陰逝水忙

• 권근

고려 말 조선 초의 저명한 학자인 권근權近(1352~1409)이 음력 10월에 김장을 하고 나서 썼다. 늦가을이 훌쩍 다가오자 채소를 거둬 겨울을 날 채비를 서두른다. 말리거나 절여서 겨우내 먹을 음식을 장만하고 보니 안도감과 함께 이제는 한 해도 저물었다는 느낌이 엄습해온다. 나이가 들어설까? 김장하는 연중행사도 무심히 지나갈 수 없다. 김장은 여느 음식 장만과는 다르게 인생의 무게를 담은 듯하다. 6백 년이 흐른 지금도 아니라고 할 수 없는 묵직함이다.

밤
夜

검푸른 솔숲으로
밤안개 자욱하더니
눈썹 같은 초승달이
서쪽으로 잠겼다.

개 짖는 소리 잦아들며
인적이 끊긴 마을
관솔불이 타 들어가
토방 안은 깊어간다.

창 아래서 흥얼흥얼
글 읽는 소리 들려오고
이불이 펼쳐진 화롯가에는
군밤이 익어간다.

아득히 먼 한양
남산 아래 집에서는

煙靄蒼蒼松樹林
蛾眉新月已西沈
吠殘村犬人蹤斷
爇盡松明土室深
窓下伊吾聞夜讀
爐邊芋栗伴寒衾

골육 친지들이

단란하게 모였으리.

依然却憶終南舍

骨肉諸郎盡盍簪

• 이산해

선조 때 영의정을 지낸 북인北人의 영수 아계鵝溪 이산해李山海(1539~1609)가 지은 시다. 임진왜란 중에 정계에서 축출되어 경상도 평해에서 유배생활할 때 지었다. 어느 겨울밤 인적이 끊긴 집에 그는 조용히 앉아 있다. 이웃집에서는 책 읽는 소리가 건너오고, 화롯불에서는 토란과 밤이 익고 있다. 사위四圍가 고즈넉한 이 밤, 아득히 먼 서울 집에서는 형제와 아이들이 둘러앉아 이야기꽃을 피우고 있으리라. 지친 몸을 눕히자 안식처처럼 고향과 가족이 떠오른다. 밤이 길어진 겨울의 따뜻한 풍경이다.

정말 괴롭다

良苦吟

그럭저럭 세월은
강물처럼 흘러가서
이달이 지나가면
새해가 다가온다.

창천이 굽어보며
반가운 듯 햇살 비춰도
대지에 버텨 서서
난 맨주먹 휘두른다.

시골에서 술에 취해
으스대던 이백 같지만
고향에 밭뙈기 없어
한탄하는 소진의 신세!

언제나 양주 자사 되어
학을 타고 날아갈까?

荏苒光陰若逝川
若經此月是新年
蒼天下照開青眼
白地中留奮赤拳
李白醉供華陰縣
蘇秦恨乏洛陽田

허리에는 십만 냥을	何時直跨楊州鶴
기세 좋게 꿰차고서.	腰下兼橫十萬錢

• 유진한

영정조 시대에 〈춘향가〉를 장편의 한시로 썼던 유진한柳振漢(1712~1792)이 착잡한 감회를 토로했다. 아무 일도 맡지 못해 남쪽 지방을 전전하는 처지에 또다시 연말이 다가왔다. 가진 것 하나 없이 맨주먹 하나로 버티고 살아온 나날들! 하늘만이 따뜻한 햇살을 비춰줄 뿐 세상은 차갑기만 하다. 겉으로는 이백처럼 호기가 넘쳐 보여도 속으로는 고향에 작은 전답이라도 있다면 바로 돌아갈 마음이 굴뚝같다. 벼슬도 하고 신선인 양 학을 탈 수 있는 날은 언제나 올까? 산더미처럼 돈까지 쌓여 있다면 절대로 사양하지 않고 욕심껏 다 가질 것이다. 이루어질 것 같지 않아도 꿈이라도 꿔보지 않는다면 정말 괴롭겠다.

이 몸이 배가 되어

余戲而作此 ❖

나는 항상 소망하지
곡식 만 섬을 싣는 배가 되었으면,

배 안 넓은 곳에
다락을 세웠으면 하고.

동으로 남으로 가는 나그네를
때가 되면 모두 건네주고

해 질 녘에는 무심히
두둥실 노닐었으면 하고.

常願身爲萬斛舟
中間寬處起柁樓
時來濟盡東南客
日暮無心穩泛遊

• 이항복

백사白沙 이항복李恒福(1556~1618)이 청년 시절에 지은 시다. 백사는 친구들과 강을 건너려고 배를 기다렸으나 며칠 동안 구해도 구할 수 없었다. 모두들 몹시 답답해하며 화를 낼 때 백사가 장난삼아 이 시를 써서 그들을 달랬다. '나는 큰 배가 되어 강을 건너고자 하는 사람을 모두 건네주고 그 뒤에 여유롭게 배를 띄우고 노는 게 꿈이야. 며칠 기다리는 정도로 왜 이리 조바심이냐?' 감정을 주체하지 못하는 친구들에게 그는 남과 사회를 위해 자기 몸을 던지는 희생과 여유작작한 태도를 보여준다. 대인다운 풍모가 엿보이는 명작이다. 험한 세상의 다리가 되겠다는 청년의 꿈은 뒷날 임진왜란이란 국난을 온몸으로 헤쳐가면서도 여유를 잃지 않은 큰 정치가로 실현되었다.

❖ 원제는 〈수초 인수와 함께 강변의 숙소에 머물며 며칠을 보냈으나 배를 구하지 못했다. 수초가 몹시 답답해하며 '어떻게 하면 이 몸이 큰 배가 되어 바람을 받아 파도를 헤치고 갈 수 있을까'라며 탄식하였다. 내가 장난삼아 시를 지었다(與守初 仁叟同在江舍 數日索舟不得 守初甚欝欝 歎曰 安得身爲巨艦 乘風破浪 余戱而作此)〉이다.

금당도에서 점심을 먹다

金塘午飯, 還向舟次

며느리는 물고기를 잡으러 가고
큰아들은 다랑이 일구러 가서

노인 내외만 닭이랑 개랑
집을 지키며 꼼짝도 않네.

불쑥 찾아온 관리를 보곤
문에 서서 황송해하네.

관리가 어찌 쌀이 없겠나
불을 빌려 대숲에서 밥을 지었네.

아아! 어촌 마을 풍경이
이렇듯이 한가롭다니!

머리 돌려 보며 미련이 남아
물끄러미 한동안 서 있네.

中婦捕海族
長男鑿山菑
翁姑與鷄犬
守屋不相離
忽見官人至
應門多慚辭
官人豈無米
借火竹中炊
歎息漁村景
閒靜迺如斯
回首有餘戀
注目立移時

굴껍질과 소똥이 깔려있는 길가 蠔甲牛矢路

망가진 그물이 성근 울타리에 걸려있네. 破網掛疏籬

• 강진

2백 년 전 강진姜溍(1807~1858)이 전라도의 작은 섬을 찾아서 느낀 한가로움과 멋의 송가다. 한양에서 검서관으로 있던 그가 멀리 고흥의 도양 감목관監牧官으로 부임했다. 곧잘 배를 타고 주변 섬들을 찾던 어느 날, 금당도에 내려 점심을 해 먹고 떠났다. 시간이 멈춘 듯한 태곳적 어촌, 점심을 청해 먹기도 미안한 마을이었다. 그런데 잠깐 둘러본 어촌 풍경이 배로 향하는 시인의 뒤통수를 자꾸만 잡아당긴다. 시인의 눈을 사로잡은 것은 굴껍질과 소똥이 깔린 길과 울타리에 걸린 망가진 그물 따위다. 감성이 풍부한 시인은 진정한 아름다움이 어디에 있는지 잘 안다. 지금도 섬을 찾으면 비슷한 풍경을 만날 수 있을 것만 같다.

새벽 들녘

次子益詠曉景韻

아득히 이어진 눈 덮인 강에
새벽빛은 조금씩 밝아오는데

하늘에는 지려 하는 달이 머물고
들녘은 구름이 뒤덮어간다.

천지 원기 가슴에 가득 채우자
온갖 소리 귓가에서 멀어져간다.

이런 뜻을 다부지게 간직하고서
길이길이 참마음을 지켜가리라.

泱漭連江雪
晨光稍向分
天留將落月
野有欲鋪雲
一氣彌襟次
羣囂遠耳聞
秪應存此意
長以事天君

• 김창협

숙종 시대의 저명한 사상가인 농암農巖 김창협金昌協(1651~1708)이 어느 추운 겨울날에 썼다. 새벽에 일어나 보니 들녘과 강이 온통 눈으로 덮여 있다. 하늘도 들녘도 아직 잠에서 깨지 않았다. 만상萬象이 기지개를 켜고 활동하기 전이다. 아무도 없는 새벽 들녘에 서자 천지의 한 기운이 가슴에 벅차게 차 들어온다. 모든 감각이 멈춰 서고 그 기운에 몸을 내맡긴다. 불현듯 아무런 소리도 들리지 않고 흔들리지 않고 살아야겠다는 의지가 솟구친다. 믿을 것은 나의 의지고 선한 마음이다. 새벽이 밝아온다.

붉은 나무

紅樹

철렁! 하고 잎사귀 하나
간밤에 떨어지더니
서리 내린 아침에는
숲이 온통 바뀌었네.

가여워라! 푸르던 빛을
붉게 비춰 부수더니
웬일인가! 흰머리를
재촉하여 나게 하네.

거친 뜰을 바라보며
시름겨워 쓸쓸할 때
먼 산에는 당돌하게
석양빛이 눈부셔라.

기억도 새로워라
지난해 이맘때쯤

一葉初驚落夜聲
千林忽變向霜晴
最憐照破青嵐影
不覺催生白髮莖
廢苑瞞盱秋思苦
遙山唐突夕陽明

병풍 같은 산길 뚫고 去年今日燕然路
몽골로 향했었지. 記得屛風嶂裏行

• 이장용

고려 후기의 문신 이장용李藏用(1201~1272)이 단풍을 보고 지었다. 뜰에 서 있는 나무가 어느 날 갑자기 붉게 물들었다. 어두운 밤 낙엽 지는 소리가 시인의 마음을 철렁 내려앉게 만들더니 단풍이 들기 시작한다. 가을이 오고 단풍이 드는 것은 충격이다. 이제 숲 전체가 붉게 타고 나면 나도 시들어가리라. 불쑥 찾아온 시름에 쓸쓸해 못 견디겠는데 그 마음을 아는지 모르는지 석양빛은 거침없고 도도하게 세상을 비춘다. 뜨락에서 붉게 물드는 단풍을 보면 저무는 인생도 찬란하게 빛을 발할 수 있다는 것을 알겠다.

우물물

井水

우물물은 천 길	
천 길이라도 퍼 올리고	井水雖千尋
사람 마음은 한 치	千尋猶可汲
한 치라도 알기 참 어렵다.	人心雖一寸
	一寸難可測
고드름은 진흙에 버려져도	淸氷委泥塵
한 번 씻자 도로 깨끗해지는데	一洗還淸潔
나쁜 쇳덩어리는 큰 대장장이가 벼리나	惡鐵經大冶
천 번을 연마해도 끝내 부서진다.	千磨終缺折

• 김윤안

선조 시절의 안동 선비, 동리東籬 김윤안金允安(1560~1622)이 지었다. 그는 유성룡의 문인으로 임진왜란이 일어나자 의병을 일으키기도 했다. 오늘날 수도꼭지를 틀듯이 옛날에는 우물을 길었다. 깊으면 깊을수록 퍼 올리기 힘든 우물이다. 그 우물에서 물을 퍼 올리다가 탄식이 절로 나온다. 아무리 깊어도 우물물은 퍼 올릴 수 있는데, 한 치밖에 안 되는 사람 속은 정말 모르겠다는 거다. 그럴 줄 몰랐는데 그가 그런 짓을 하다니! 아마도 이런 분노가 솟구쳤을 것이다. 이제야 그 사람이 아무리 뛰어난 대장장이라도 어쩌지 못할 나쁜 쇳덩어리 같은 인간임을 깨닫는다. 사람에 대한 신뢰에 금이 크게 갔고, 그로 인한 마음의 상처가 아주 깊다. 열 길 물속은 알아도 한 길 사람 속은 모른다.

네 가지 기쁜 일

共人賦四喜詩

가난한 집 급한 빚을
이제 막 해결하고
장맛비로 지붕 새는데
날이 문득 개어오네.

파도에 휩쓸린 배가
언덕에 정박하고
깊은 산속 길 잃었는데
행인을 만나네.

책 읽다가 난해한 것을
별안간 깨우치고
시구 찾다 좋은 소재
홀연히 떠오르네.

용한 의원 처방하자
묵은 병이 사라지고

窶家急債券初了
破屋長霖天忽晴
駭浪飄舟依岸泊
深山失路遇人行
讀書斗覺微辭透
覓句忽驚好料生

봄 날씨가 추위를 몰아내니 良醫對症沉痾去

만물이 소생하네. 和煦破寒品物亨

• 윤기

18세기의 문인, 무명자無名子 윤기尹愭(1741~1826)의 시다. 두 편으로 이루어졌다. 평범한 가정에서 나이 쉰을 넘기도록 공부만 하다 겨우 문과에 급제하여 벼슬을 했다. 무던 애를 써서 만년에 거둔 성과다. 겉으로는 이룬 것이 거의 없는 서른 나이에 이 시를 지었다. 상상은 현실을 드러낸다. 실제로는 지붕에 비 새는 집에서 빚더미에 앉아 거센 파도에 휩쓸려 길을 잃고 헤매는 상황이리라. 짝수 구의 끝 글자인 '맑게 개고(晴)', '다니고(行)', '살아나고(生)', '형통하는(亨)' 결말을 꿈꾸는 시인은 끝내 꿈을 이루었을까. 살아가기가 어려울 때 행복한 상상이라도 없다면 견디기 어렵다.

한 해가 간다

歲除用前韻

창가에 쓸쓸히 앉아
친구들을 그리노니
풍경은 계절 따라
어수선하게 바뀌었다.

덧없는 인생은
바람에 날리는 낙엽
저무는 한 해는
전쟁에 패한 군사.

묵은해 간다고
사람들은 환호하지만
심란한 벗의 마음은
산 너머 구름이리라.

가득 따른 술잔일랑
취기 어려 남겨두고

悄悄軒窓念我羣
推遷時物自繽紛
浮生但覺風飄葉
殘歲爭如戰敗軍
氓俗歡聲除舊日
故人心緒隔岡雲

책상 위의 낙지론❖을	十分盞酒留餘醉
다시 펼쳐 읽어본다.	重讀牀頭樂志文

• 이익

성호星湖 이익李瀷(1681~1763) 선생이 친구들과 한 해를 보내며 시를 지었다. 사람들은 묵은해를 보내고 새해를 맞이하느라 떠들썩하게 오가고 행사를 벌이며 들떠 있다. 함께 어울려 들뜬 기분으로 세밑을 보내는 것도 나쁘지 않다. 그러나 성호에게 연말 풍경은 전쟁에 패퇴한 군대처럼 어수선하고 인생은 바람에 흩날리는 낙엽처럼 덧없다. 그도 친구들도 심란하다. 술을 가득 따라놓으나 더 취할 기분도 아니다. 〈낙지론〉을 펼쳐놓고 나니 마음이 한결 가라앉는다. 아무리 쪼들리고 위축되어도 작은 행복에 만족하며 자유롭게 사는 인생을 꿈꿔본다.

❖ 후한 중장통仲長統의 글로 전원에서 자유롭게 사는 행복을 노래함.

아들 손자와 함께

同韻兒與孫

높디높은 나무에서
가지 살랑 흔들흔들
어디선가 작은 새가
날아왔다 알려주네.

후다닥! 물고기도 개구리도
뒤질세라 풀에 숨더니
왜 아닐까? 물총새가
연못을 엿보고 있네.

광경이 새로워서
시로 짓기 오묘하지만
애잔하여 들여다보며
지팡이에 기대서려니

그 틈에 또 노랑나비
쌍쌍이 펄펄 날아오는

高高庭樹乍搖枝
幽鳥飛來自可知
倏爾魚蛙爭匿草
果然翡翠下窺池
景光新出模詩妙
情悲詳看倚杖遲

이 한때의 기이한 일	卽又雙飜金翅蝶
약속이라도 했나 보다.	一時奇事若相期

• 이규상

이규상李奎象(1727~1799)은 18세기 명사들의 인물평을 잘했던 학자다. 어느 날 아들 손자와 함께 집에 머물 때 기이한 풍경을 보고서 감탄하여 시를 썼다. 그런데 정말 그렇게 기이할까? 얼핏 보면 언제나 뜰을 지키고 서 있는 나무의 가지 하나가 흔들거리고 그 뒤에 일어난 소소한 장면일 뿐이다. 새가 나타난 것을 눈치채고 물고기와 개구리가 풀 속으로 숨어든다. 아니나 다를까 물총새란 놈이 연못을 노려보고 있다. 고요하고도 지루한 한낮의 일상을 깨트리는 작은 소란에 시인의 마음이 설렌다. 그 설렘이 가라앉을 찰나, 황금빛 날개 펄럭이며 나비가 쌍쌍이 날아든다. 시인을 놀라게 하려고 약속이라도 한 듯하다. 감각이 눈을 뜰 때면 사소한 것도 놀랍고 기이하다. 할아버지의 감각이 손자보다 예민하다.

산길

山行

소가 길가의 나락을 뜯어
우물우물 새김질하며 가네.
화를 내고 채찍을 쳐도
아랑곳없이 씹으며 가네.

날 저물어 들어왔더니
부엌에선 아주머니가 야단을 치네.
하루 종일 저편 숲에서는
지청구만 들려오네.

牛行欲齕路傍黍
一怒一鞭猶吃去
暮歸阿母廚中嗔
終日西林惡謳語

• 강백

서울에서 활동하던 시인 우곡愚谷 강백姜栢(1690~1777)은 여행을 즐겼다. 언젠가 산골 마을을 가다가 소를 몰고 가는 농부에게 눈길이 갔다. 그 곁에는 소밖에 없다. 터벅터벅 길을 걸으며 소는 여물인 양 곡식을 뜯어먹는다. 농부가 깜짝 놀라 이놈 저놈 하면서 채찍을 내리쳐도 능청맞게 새김질하며 걷는다. 날이 저물어 집으로 돌아오니 이제는 부엌에서 저녁밥 하던 아주머니가 뭐에 비위가 틀렸는지 야단을 친다. 온종일 소는 지청구만 실컷 얻어먹는다. 농부 내외는 화풀이 상대가 소밖에 없나 보다. 이 산골 마을에서 시인이 들은 대화는 그것밖에 없다.

봄날 청성산에서

春日城山偶書

누가 우리 살림살이 가난하다더냐?
봄 되면 모든 것이 기이한 것을.

산에서는 붉은 비단 병풍을 치고
하늘은 푸른 비단 휘장을 친다.

바위 스치자 소맷자락에서 구름이 피어나고
술잔을 드니 달빛은 잘람잘람 넘친다.

옛 책을 읽는 것이 으뜸가는 맛
고기 맛인양 배고픔도 잊어버린다.

誰謂吾生窶
春來事事奇
山鋪紅錦障
天作碧羅帷
拂石雲生袖
呼樽月滿危
古書還有味
芻豢可忘飢

• 김성일

선조 때의 명신 학봉鶴峰 김성일金誠一(1538~1593)이 1587년 쉰 살에 지었다. 그 전해 연말에 벼슬에서 물러난 학봉은 안동 서쪽의 낙동강가에 있는 청성산青城山에 머물렀다. 호사스러운 생활 뒤의 공허함과 우울함이 찾아왔다. 그러나 그 기분은 오래가지 않았다. 봄이 찾아오자 모든 것이 의욕을 일깨운다. 산은 붉은 꽃을 병풍처럼 두르고, 하늘에는 비췻빛 휘장을 드리운다. 아침 되어 산에 올라 팔을 휘두르면 구름이 피었다가 흩어지고, 밤 되어 술잔을 들면 달빛이 넘쳐 쏟아진다. 공직에서 벗어나자 자연의 하나하나가 더 신기하고 더 새로워 보인다. 책을 읽는 맛이 물리게 먹던 고기 맛보다 더 좋다. 힘들게 사는 것처럼 보이는가? 오히려 그 반대다. 모든 것이 새롭다.

3

오지 않을 그대인 줄 잘도 알지만
그래도 문은 차마 닫지 못하네

종이연

紙鳶

들은 좁고 바람은 약해	
내 뜻대로 날지 못하니	
햇빛 속에 흔들흔들	
겨우 당겨 버텨낸다.	
하늘 아래 회화나무	野小風微不得意
싹둑 쳐서 없애고서	日光搖曳故相牽
새가 사라지고 구름 떠가듯 날려 보내야	剷平天下槐花樹
가슴이 후련하리라.	鳥沒雲飛灑浩然

• 박제가

《북학의》의 저자 초정楚亭 박제가朴齊家(1750~1805)가 십 대 소년 시절에 썼다. 찬바람을 온몸으로 받으며 아이들이 연을 날린다. 그 무리 속에 시인도 함께 끼여있다. 연을 높이 날리고 싶지만 들이 좁고 바람이 약해 겨우 버티고 있다. 게다가 키 큰 회화나무가 하늘로 날아갈 길을 막고 섰다. 저놈의 나무를 베어 쓰러트려야 까마득한 하늘로 연이 솟구칠 텐데. 하늘 끝으로 사라져간 새나 구름처럼 연이 시야를 벗어나면 얼마나 좋을까. 연날리기는 인생의 비상飛翔과도 같다. 소년의 벅찬 포부를 연에 담아 하늘 높이 밀어 올리고 싶은데 들은 좁고 바람은 약하다. 게다가 큰 고목까지 방해한다. 포기해야 할까? 장애물을 부숴 뜻을 펼칠 벌판을 만들고 싶은 욕망이 얼레를 잡은 소년의 가슴을 채운다.

봄바람 春風

봄바람은 괜스레 살랑거리고	春風空蕩漾
어느새 달이 떠서 황혼 되었네.	明月已黃昏
오지 않을 그대인 줄 잘도 알지만	亦知君不來
그래도 문은 차마 닫지 못하네.	猶自惜掩門

• 복아

영조 임금 시절 전라도 부안에는 복아福娥란 기생이 살았다. 황윤석의 《이재란고頤齋亂藁》에 복아의 어머니가 부안 명기 매창梅窓의 후손이라는 사연과 함께 시를 실어놓았다. 봄바람이 살랑살랑 불어와 밑도 끝도 없이 싱숭생숭, 그리운 사람이 한결 더 보고 싶어진다. 기다리는 줄을 안다면 제가 먼저 찾아올 법도 하건만 해가 다 지도록 감감무소식이다. 달도 환히 떠서 이제 밤이다. 긴긴 대낮에도 오지 않은 임이니 밤인들 올까? 오지 않을 줄 너무도 잘 알지마는 그래도 대문을 닫지 않는다. 늦어도 괜찮으니 문을 디밀고 들어온다면 좋겠다. 여인의 사무친 그리움을 터놓고 보여주는 시어가 없다. 다만 대문 닫기를 아쉬워한다는 석惜이란 글자를 살짝 드러내 보였다. 모든 게 봄바람 탓이다.

하나같이 우습다

一呵呵

어영부영 살아온 서른 살 인생
부귀는 내 뜻대로 못하겠구나.

밤비에 온갖 고민 몰려들고
추풍에 분노가 울컥 솟는데

인심은 왜들 그리 악착같은지
세상사는 하나같이 우습기만 해.

하늘 아래 밭뙈기나 얻어진다면
콧노래 부르면서 밭을 갈 텐데.

等閒三十歲
富貴未如何
夜雨牢騷集
秋風感慨多
人心皆齪齪
世事一呵呵
願得桑麻土
耕雲任嘯歌

• 유금

영정조 시대의 수학자 유금柳琴(1741~1788)의 시다. 호를 기하幾何라 하여 기하학에 탐닉한 인생을 드러낸 유금은 실학자인 유득공의 작은 아버지이자, 박제가의 절친한 벗이다. 수학과 공학, 천문학에 정통한 과학자이면서 한편으로는 시도 잘 쓰고 현악기도 잘 연주한 만능 예술가였다. 그의 제자가 바로 서유구徐有榘다. 그렇게 우수한 재능을 갖췄어도 세상에는 그가 맡아서 할 일이 없었다. 요즘 말로 스펙은 좋으나 출신이 좋지 않았다. 나이 서른을 넘기고 보니 답답하기도 하고 분노도 일어난다. 밤비는 울적한 마음을 적시고, 가을바람은 비분강개한 심사를 부추긴다. 사람들은 갈수록 악착스러워지고, 세상 되어 가는 꼴은 껄껄 헛웃음만 나온다. 이쯤에선 어떻게 살아갈지를 고민해야 하는데 돌아갈 땅이 없다. 서른 해 동안 인생을 정말 열심히 살아온 젊은이에게 닥친 회의와 갈등, 분노와 냉소에 연민의 감정이 인다.

혼자 깨어 있다

偶題

술을 좋아하는 성미는 아녀도	性本不愛酒
술 한 병은 그래도 지니고 사네.	猶貯酒一瓶
겁이 나서지. 할 일 없는 이들이	多恐悠悠者
나 홀로 깨어 있다 말을 할까 봐.	將我號獨醒
쓸쓸한 매화나무 아래에 앉아	蕭瑟梅樹下
이소경❖을 낭랑하게 읊어보네.	朗讀離騷經
홀로 깨어 있을 수 없는 세상이기에	世無獨醒者
매화에게 들려주는 길밖에 없네.	要使梅花聽
시를 탐하는 병이 두보보다 심해	耽詩癖於杜
한평생 고생을 마다하지 않네.	百年不憚勞
산자락이 끝난 줄 알았는데	謂到山盡處
더 큰 산이 다시금 나타나누나.	復有一層高

• 이정주

19세기의 여항閭巷 시인 몽관夢觀 이정주李廷柱가 지었다. 술을 마시는 사람들과 어울려 살려면 못 마시는 술일망정 장만해두고 그들과 섞여야 한다. 혼자만 깨어 있고, 혼자만 잘나면 남들이 뒷말하고 손가락질하는 세상이기 때문이다. 물론 그렇게 한다고 해서 남들과 마음을 함께할 수 있는 것은 아니다. 그 깊은 속은 차라리 홀로 서 있는 매화와 나누는 것이 편하리라. 저 고고한 매화만은 나를 이해해 줄 것만 같다. 그것이 홀로 깨어 있어 외로운 사람이 살아가는 법이다. 좋아하는 것을 즐기며 한평생 지낼 수 있다면 어떤 고생도 마다하지 않을 것이다. 다만 이 정도로 웬만큼 경지에 올랐다고 생각한다면 착각이다. 더 큰 세계가 앞에 놓여 있다. 산이 끝난 곳에 더 큰 산이 나타난다. 그것이 인생이다.

❖ 중국 전국 시대의 시인 굴원屈原이 지은 시.

그림자

影

훌쩍 갔다 문득 오며 밤마다 나타나고
신선도 귀신도 아니고 또 사람도 아니네.

주렴 너머 말이 없으면 알아보기 어렵지만
달이 뜨면 뒤를 따라 절친한 척 다가오네.

등불 아래 손님인가 황홀하게 의심하고
물에 비친 나인 듯이 어슴푸레 보이네.

헛것의 종적이라 찾으면 간데없어
매화 핀 창가에서 진실을 물어본다.

倏去忽來每夜因
非仙非鬼又非人
隔簾無語渾難接
得月相隨故欲親
恍惚初疑燈下客
依稀還作水中身
子虛蹤跡尋無處
更向梅窓問假眞

• 홍한주

19세기의 문인 해옹海翁 홍한주洪翰周(1798~1868)가 온갖 사물을 읊은 연작시 중의 하나이다. 전기가 없던 시절에는 낮이고 밤이고 그림자가 자신을 따라다녔다. 그림자는 늘 나란 존재를 자신에게 각인시켜주는 또 다른 나였다. 내 그림자에게 부끄럽지 않게 살고자 애쓸 수도 있었고, 외로울 때면 내 그림자를 향해 삶을 물어볼 수도 있었다. 불빛이 휘황하여 그림자가 내 뒤를 따르는지조차 인식하지 못하며 사는 시대이다. 그림자에 대한 의문을 품을 수 있는 옛 시인이 오히려 행복해 보인다.

해당화

海棠花

가시덤불 그 속에서
야들야들한 태깔에 시름하듯 붉은 빛깔.

이 고운 꽃의 풍치를
그 누가 알아나 줄까?

깨끗이 씻어내어
얼굴 곱게 단장한다면

인간 세상에서
제일가는 꽃이 되련만.

膩態愁紅荊棘裏
此花風韻有誰知
若敎洗出新粧面
便是人間第一奇

• 박흥종

함경도 경성의 문인인 박흥종朴興宗의 작품이다. 시인의 생몰연대는 밝혀져 있지 않으나 조선 후기에 경성 지역에서 존경을 받았던 인물이다. 함경도 지역 해안가는 본래부터 해당화가 무척이나 아름다웠다. 시인은 그 해당화를 보고서 연민의 감정을 담아 노래하였다. 빛깔도 태깔도 아름다운 꽃을 누군들 좋아하지 않을까? 그러나 가시덤불 속에서 쓸쓸히 피어 있으니 보아주고 좋아해줄 사람이 없다. 때만 씻어낸다면 세상의 어떤 꽃보다 아름다울 텐데 그 좋은 바탕이 드러날 기회가 주어지지 않는다. 시인은 자신의 처지가 해당화와 똑같다고 느꼈다. 아무리 자질이 빼어나도 북쪽 사람이란 굴레가 씌워져 세상에 나갈 수 없다. 가시덤불 속 해당화 신세다. 이 시는 서울까지 알려져 사람들의 심금을 울렸다. 이런저런 차별에 마음을 다친 이들이 그렇게 많았다.

아내에게

絶句示內

개울 건너 청삽사리
컹컹 짖어서
산골 집은 적막함이
겨우 깨졌네.

밤들어 비바람
치는 소리
처자식 도란도란
얘기 나누네.

隔水靑犬吠
山家免寂寥
夜來風雨響
妻子話蕭蕭

• 이복현

정조와 순조 연간의 시인 석견루石見樓 이복현李復鉉(1767~1853)이 썼다. 시 읊기를 즐겨 시를 읊는 곳이라는 뜻의 음시처吟詩處에 살면서 〈음시처상량문吟詩處上梁文〉을 지은 시인이다. 그가 서울 생활을 접고 관악산 동쪽 안양 만안교를 바라보는 산 밑으로 집을 옮겼다. 산속 생활의 풍치를 읊어 아내에게 보여주었다. 낮이면 집 앞에 있는 개울 건너편에서 청삽사리가 짖어 오랜 적막을 깨트리고, 비바람 칠 때에는 아내와 아이들이 도란도란 이야기를 나누며 밤이 깊어간다. 인구가 적었던 시절, 깊은 산중 외딴집에서는 긴 적막을 깨트리는 청삽사리 짖는 소리가 반갑고, 비바람 속 도란거리는 가족들의 대화가 정겹다. 산골 풍경은 소리로 그릴 수 있다. 소음의 홍수 속에 사는 이들은 그 적막함의 맛을 모른다.

바다에서

海

산도 들도 멈춘 곳에
장관이 펼쳐지고
하늘까지 이어진 물,
뱉었다가 삼키누나.

만고 세월 증감을
누구에게 물어보나?
너에게는 저 우주가
근원이라 해야 하리.

명예 추구, 박학 욕심
저 앞에선 사라지니
기쁨이니 슬픔이니
말해서 무엇하랴!

그 기이함 묘사하는
헛된 노력 잘 알기에

山停野斷大觀存
水與天連互吐呑
萬古憑誰問增減
太虛於爾作淵源
爲名爲博於斯盡
堪樂堪悲可復論

휘파람 길게 불고 　　　　　詩欲摸奇知亦妄

솔뿌리 베고 눕는다. 　　　　　不如長嘯枕松根

• 김창흡

17세기 후반에서 18세기 초반까지 지성계에서 거두로 활약한 삼연三淵 김창흡金昌翕(1653~1722)의 시다. 동해를 거슬러 금강산으로 가는 길에 바다를 읊었다. 그에게 바다란 만고의 세월 동안 변함없고, 오로지 우주와 상대할 수 있는 광활한 존재다. 시공간의 한계를 초월한 바다 앞에서 그 위엄에 탄복한다. 이어서 그 앞에 선 자신의 존재에 생각이 미친다. 명예와 박학함을 추구하는 인간의 노력이란 얼마나 미약하며, 기쁨과 슬픔을 말한다는 것은 또 얼마나 사소한가? 바다를 마주하면 절망이 아니라 희망의 새 힘을 얻는다. 기분 좋게 휘파람 불고 솔뿌리 베고 누울 수 있다.

우연히 읊다
偶吟

바른 선비 사랑하는
사람들 태도는
범 가죽을 좋아함과
정말 똑같다.

살아서는
죽이려고 모질게 대들다가
죽은 뒤면
아름답다 모두들 칭송하네.

人之愛正士
愛虎皮相似
生前欲殺之
死後皆稱美

• 조식

조선 중기의 큰 유학자 남명南冥 조식曺植(1501~1572)의 시다. 제목을 보면, 가볍게 지은 시처럼 보이지만 세태를 준엄하게 비판하는 내용을 담았다. 사람들의 일반적인 의식 구조를 꼬집은 말이면서도 구체적인 사건을 염두에 둔 말로 보이기도 한다. 올바르고 훌륭한 인물을 누구나 사랑하고 존경할 듯하지만 실제로는 그렇지 않다. 그가 살아 있을 때는 무슨 수를 써서라도 그를 깎아내리고 힘을 쓰지 못하게 만든다. 그가 죽으면 그제야 "훌륭한 인물인데 아깝게도 죽었다!"며 아쉬워한다. 호랑이가 살아 있으면 내 목숨을 앗아갈까 두렵듯이, 뛰어나고 올바른 인물은 나의 비속한 생존에 큰 방해물이 될까 두렵다. 호랑이는 가죽이 너무 좋아서 죽임을 당한다. 진정으로 훌륭한 인물은 이 속된 세상에서는 받아들여지기 어렵다는 진실, 그것이 슬프다.

송어

松魚

팔딱팔딱 날아갈 듯
기운이 몹시 세어

열 자 높이 폭포조차
훌쩍 뛰어 올라가네.

앞으로만 나가고
물러서지 못하나니

넓은 바다 푸른 파도는
영영 가지 못하리라.

• 안축

潑潑如飛氣力多
懸流十尺可跳過
嗟哉知進不知退
永失滄溟萬里波

고려 후기의 근재謹齋 안축安軸(1282~1348) 선생이 영동 지방을 여행할 때 지었다. 강릉의 임경당臨鏡堂 김열金說(1506~)의 시로도 알려졌으나 실은 안축의 시다. 동해안에서 많이 잡히는 송어는 5, 6월이면 떼를 지어 강 상류로 올라와 알을 낳고 죽는다. 오로지 앞으로만 나가고 뒤로 물러서지 않는 송어에게 드넓은 바다를 헤엄치는 자유는 다시 오지 않는다. 한사코 상류로 오르려는 억센 욕망이 남긴 비참한 결말이다. 인생도 다르지 않기에 연민과 한탄이 자연스럽게 나온다. 높은 폭포도 훌쩍 뛰어오를 힘과 의지가 있을 때 조심할 일이다. 뒤로 한 발 물러서는 퇴일보退一步의 태도가 나락으로 떨어지는 것을 막을 수 있다.

마음을 적다
書情

中年還舊隱
小築俯前郊
養鶴聊成友
攤書自作巢
山僧分菜把
溪叟送魚包
風味吾差足
何曾羨綺庖

중년 되어 고향으로 되돌아오니
작은 집은 앞 들녘을 내려다보네.

학을 기르자 바로 친구가 되고
책을 펼치자 저절로 책둥지 되네.

산 스님은 산나물을 한 움큼 나눠주고
개울가 노인은 물고기를 한 바구니 보내네.

그 풍미에 나는 사뭇 만족하노니
귀한 음식 부러워한 적 언제 있었나?

• 김이만

영조 때의 시인 학고鶴皐 김이만金履萬(1683~1758)이 서울에서 벼슬하다 충청도 제천으로 낙향하였다. 중년의 나이에 자리를 잃고 보니 버틸 힘도 없고 의욕도 사라졌다. 상실감과 무료함을 달래려고 학이나 친구처럼 기르고, 책에나 파묻혀 둥지를 틀고 칩거하였다. 그런 속내를 아는지 모르는지 고향 사람은 말없이 산나물도 보내오고 물고기도 건네주었다. 잊고 지냈던 고향의 풍미를 되살아나게 하는 인심과 음식이다. 내가 언제부터 값비싼 진수성찬에 맛을 들였던가? 몸과 마음을 어디에 두고 살아야 할지 이제 알 것 같다.

느낌이 있어서
有所感

학은 길고 오리는 짧아도
모두가 새이고
오얏꽃은 희고 복사꽃은 붉어도
하나같이 꽃이다.

직책이 낮은 탓에
상관에게 욕을 자주 듣나니
갈매기 훨훨 나는 바닷가로
차라리 돌아갈까 보다.

鶴長鳧短皆爲鳥
李白桃紅摠是花
官賤頻遭官長罵
不如歸去白鷗波

• 김니

조선 중기의 관료, 유당柳塘 김니金柅(1540~1621)가 지은 시다. 관북 출신 시인들의 시선집인 《관북시선關北詩選》에 실려 있다. 황해도 관찰사까지 지냈으므로 고위직을 역임한 분이다. 그는 서울 태생이기는 하나 함경도에서 성장한 관북 사람이었다. 그 시대는 상대적으로 관서·관북 지역에 대한 차별이 적었던 때인데도 그는 차별을 많이 느꼈고 그 불만을 시로 표현했다. 크고 작은 차이가 있고, 희고 붉은 차이가 있어도 그것이 차별을 정당화하는 논리가 될 수 없다. 차이는 사람을 갈라놓는 칼이 아니라 오히려 모두를 꽃피게 할 수 있다. 하지만 현실은 그렇지 않았다. 차별의 표적이 된 그는 욕만 실컷 얻어먹고 자연히 고향의 바닷가로 가서 자유롭게 살고 싶어졌다. 소수자에 대한 차별은 세상의 변방으로 떠날 사람을 많이 만든다.

소양정에서
昭陽亭戱題

한가한 사람은 본래 한가로워
멋진 풍경 있어도 잊고 살지만

바쁜 사람은 바쁘기에
강산의 멋을 제대로 사랑하지.

저 나루터에 솟아 있는
아름다운 누각을 보게나!

바쁜 사람 위해 서 있고
한가한 사람 위해 서 있지 않네.

• 박태보

閑者自閑忘外境
忙人方解愛江山
看他畫閣津頭起
正爲忙人不爲閑

정재定齋 박태보朴泰輔(1654~1689)는 숙종 때 인현 왕후의 폐비를 반대하다가 죽었다. 강직한 선비로도 명성이 높았고, 시인으로도 출중하였다. 시는 조금 난해하나 깊은 의미가 담겨 있다. 소양강을 따라 바삐 지나가다 소양정에 잠깐 올랐다. 강과 산이 내려다보이는 아름다운 풍광을 자랑하는 명승이다. 아무리 먼 길을 서둘러 가야 한다 해도 짬을 내지 않는다면 멋이 없는 사람이리라. 그런데 정자에 올라보니 아무도 없다. 한가한 사람이 많을 텐데 몹시 바쁜 그만이 올라와 멋진 풍광을 실컷 감상한다. 아! 알겠다. 한가하다고 해서 아름다운 풍경을 즐기는 것이 아니다. 아니, 바쁘기 때문에 강산의 아름다움을 더 잘 즐기고, 더 소중히 생각할 수 있다. 풍경만 그렇겠는가? 인생을 바쁘게 살아가는 사람을 위해 자연도 예술도 즐길 수 있는 자리를 마련한다.

발을 씻고서
洗足詩

문 앞에는 우물 있어
동이 가득 시원한 물 길어오고

부엌에는 작은 대야 있어
그 물 덜어 받쳐왔네.

마루 앞에 앉아
세상에서 묻은 때를 말끔하게 씻고 나니

이제부터 숲 속에서
베개 높이고 잠을 자겠네.

汲取門前井水寒
捧來廚下小龍盤
臨軒快滌紅塵跡
始得山林一枕安

• 이원휴

금화자金華子 이원휴李元休(1696~1724)는 실학자 성호 이익의 조카이자, 유명한 서예가 옥동玉洞 이서李漵의 아들이다. 불행히도 젊은 나이에 세상을 떴다. 어느 날 외출하고 돌아와서 발을 씻었다. 문 앞에 있는 우물에서 차가운 물을 길어와 마루 앞에 앉아 발을 씻고 나니 문밖의 세상에서 묻혀온 갖은 때가 다 씻겨나간다. 베개를 한껏 높이고 편안한 잠을 마음껏 청할 기분이 든다. 특별한 결벽증이 있어서도 아니요, 문밖의 막돼먹은 세상사에 분노해서도 아니다. 초월을 꿈꾸며 산속에 숨어 살고자 하는 은둔형 인간은 더더욱 아니다. 문밖을 나가 크고 작은 일을 하고서 지친 몸을 이끌고 돌아오면 그가 누구든 세상에서 묻혀온 때가 옷과 몸과 마음에 묻어 있다. 차가운 물에 발을 씻는다면 그 모든 때가 말끔히 씻겨나가고, 그렇게 하고 나면 베개 위에 머리를 누이고 편안한 잠을 이룰 수 있을 듯하다. 누군들 그런 저녁의 행복을 누리고 싶지 않을까? 포근하고 상쾌한 안식이 마음에 스미는 시다.

벙거짓골에 소고기를 굽다

詠氈鐵煮肉

고기 썰어 벙거짓골에 늘어놓고
몇 사람씩 화로를 끼고 앉아서
자글자글 구워서 대강 뒤집다가
젓가락을 뻗어보니 고기 벌써 없어졌다.

온 나라에 유행하는 새 요리법은
근자에 여진에서 들어온 풍속.
의관을 갖추고서 달게 먹지만
군자라면 부엌을 멀리해야지.

截肉排氈鐵
分曹擁火爐
煎膏略回轉
放筯已虛無
擧國仍成俗
新方近出胡
衣冠甘餔餟
君子遠庖廚

• 신광하

정조 시대의 시인 진택震澤 신광하申光河(1729~1796)가 두만강 일대를 탐방하던 중에 지었다. 화로 위에 철판을 놓고 몇이서 둘러앉아 소고기를 구워 먹는 요리는 추운 겨울에 벌여야 제멋이었다. 고기를 먹은 뒤에는 꼭 야채를 곁들여 먹어 기름기를 달랬다. 18세기 중후반에는 이 요리를 먹는 모임을 전철회氈鐵會니 난로회煖爐會니 부르며 즐겼다. 그야말로 새롭게 등장한 최신식 요리법이자 문화였다. 뜻하지 않게 전철회에 참석한 시인은 낯설지만 맛좋은 음식에 홀리지 않을 수 없었다. 군자가 직접 요리해 먹어서는 안 된다는 금기는 다 먹고 나서야 떠올랐다. 그것이 훨씬 인간적이다.

사직동 북쪽으로 이사하고

稷北移居

세금을 납부하라 너무 시달려
견디다 못 견뎌서 집을 팔았네.

겉보기엔 초가 아닌 기와집이나
작기가 게딱지에 달팽이 집일세.

손님 맞을 대문 꼴은 제법 좋아도
꽃을 심을 땅뙈기는 전혀 없구나.

내년에 장맛비가 오고 난 뒤면
밭을 갈아 살림살이 넉넉해질까?

苦被催租急
謀窮賣及家
外非茅代瓦
小是蟹成蝸
今可門看客
全無地揷花
明年霖雨至
耕種富生涯

• 장혼

정조·순조 시대의 저명한 출판가 이이엄而已广 장혼張混(1759~1828)의 한탄이다. 서울에서 나고 산 서울내기 장혼은 멋진 집을 갖고 싶은 소망을 평생 가지고 있었다. 그런데 소망을 이루기는커녕 세금에 시달려 갖고 있던 집마저 팔고 변두리로 밀려나는 신세가 되었다. 이사한 집이 기와집에 문이 번듯하여 남 보기에는 괜찮을지 몰라도 게딱지만 하여 꽃 하나 심을 공간도 없다. 내년 여름에는 살림이 좀 나아질까 다시 꿈을 꾸어본다. 그래도 남보다는 조금 여유로웠던 그다. 주택난이 심했던 당시에 한양의 중산층도 갈수록 팍팍해지는 살림에는 집을 줄여가는 일이 적지 않았나 보다.

선비라면

偶吟

의관을 갖춰 입고
사리에 밝은 선비라면
빈민 틈에 굶주려도
걱정할 것 하나 없네.

만국에는 구름 걷혀
하늘의 달을 함께 보고
천가千家에는 꽃이 피어
모두들 봄을 맞네.

소강절은 시를 읊어
기상을 드러냈고
주렴계는 술에 취해
천진함을 보여줬지.

옛날부터 큰 은사는
도시에서 살았나니

明哲衣冠士子身
簞瓢陋巷不憂貧
雲開萬國同看月
花發千家共得春
邵子吟中多氣像
濂溪醉裏足天眞

무엇하러 외딴 데서 從來大隱皆城市

낚시질을 해야 하나? 何必投竿寂寞濱

• 윤휴

17세기의 이단적 사상가로 사문난적으로 몰려 죽은 백호白湖 윤휴尹鑴(1617~1680)의 시다. 선비 혹은 지식인이라면 세상을 어떻게 살아가야 할지를 생각해보자. 뜻대로 되지 않는다며 외딴 곳에 숨어 사는 것이 옳을까? 가난하다며 화를 내고 성마르게 사는 것이 옳을까? 아니다. 그럴수록 더 큰 세상으로 나가서 수많은 나라를 비추는 달을 함께 쳐다보고, 많고 많은 집에 피어 있는 봄꽃을 함께 보아야 한다. 음습하고 풀이 죽어 어둠과 그늘 쪽으로 가기보단 가난해도 좋으니 사람들과 어울리는 세상으로 나가자고 한다. 구름 걷히고 꽃이 핀 세상을 함께 보자는 그의 꿈이 진정한 선비답다.

가야산을 바라보고

夙夜齋望倻山

큰 산은 진면목을
드러내지 않고

기묘한 모퉁이만
살짝 보여주네.

조물주 깊은 뜻
잘 알겠거니

천기를 까발려서
다 보여주겠나?

• 정구

未出全身面
微呈一角奇
方知造化意
不欲露天機

선조 때의 저명한 유학자 한강寒岡 정구鄭逑(1543~1620) 선생이 지은 시다. 예순한 살이 되던 1603년 겨울에 경상도 성주에서 지었다. 그해 9월 관료 생활을 청산하고 고향으로 돌아와 집 북쪽에 숙야재夙夜齋를 짓고 머물 때였다. 남쪽 멀리에는 가야산이 버티고 서 있는데 그날따라 흰 구름이 산허리를 감싸서 한 모퉁이만 살짝 드러냈다. 시야를 가로막은 구름을 보면서 자연과 사회의 진실에 대해 생각해보았다. 현상의 진실 전체를 까발려 다 드러내 보여주는 법은 없으나, 그래도 기묘한 한 모퉁이는 살짝 보여주어 알 수 있는 길을 터놓았다. 그것만도 참으로 친절하다. 안목 있는 이라면 그 모서리를 통해 숨겨진 전체와 진실을 알아간다. 조물주가 오늘 그에게 한 수 크게 가르쳐주었다.

시절 한탄

歎時

생김새는 짐승이나 마음은 사람다운 자는
먼 옛날 성인 가운데 많고

생김새는 사람다우나 마음은 짐승인 자는
오늘날 현자가 다 여기에 속한다.

서울 길을 왁자하게 헤치고 가는
의관이 화려한 분들이여!

비바람 몰아치는 저문 하늘에
임금님 은혜는 어찌하는가?

形獸心人多古聖
形人心獸盡今賢
擾擾東華冠帶士
暮天風雨奈君恩

• 서기

선조 때 충청도 공주에 살던 서기徐起(1523~1591)가 경구처럼 쓴 시다. 그는 신분은 한미했으나 학문이 뛰어나 존경을 받던 학자다. 그가 서울 거리를 기세 좋게 헤치고 다니는 고관들을 향해 쓴소리를 내뱉었다. 국정을 책임진 그들은 생김새도 의관도 누구보다 화려하여 부러움을 살 만한 외형을 갖추었으나 정작 마음은 인간이 아니라 짐승이다. 그러고 보면 비교되는 자들이 있다. 먼 옛날 복희씨니 신농씨니 하는 성인들은 뱀이나 소의 형상을 했으나 인간에게 수렵과 농사를 가르쳤다. 반면에 잘나고 행세하는 지금의 지도자는 누구 할 것 없이 외형은 번듯하나 마음은 짐승이다. 고금의 인물이 확연히 다르다. 겉은 형편없어도 마음만은 인간다운 사람이 그립다. 서기는 부도덕하고 무능한 지배층의 행태가 불러올 위기를 깊이 느낀 것일까. 비바람 몰아치는 저문 하늘에서는 임진왜란의 파란이 밀려오는 느낌이다.

괴석
怪石

이 한 마리를
창가에 매달아놓고

뚫어지게 바라보면
수레바퀴처럼 커 보이네.

이 돌을 얻은 뒤로
나는 더 이상

화산花山 쪽으로
앉지도 않는다.

• 최립

窓間一蝨懸
目定車輪大
自我得此石
不向花山坐

선조 때의 저명한 문인 간이簡易 최립崔岦(1539~1612)이 젊은 시절 황해도 옹진군에서 벼슬살이할 때 지었다. 시에 나오는 화산은 옹진군에 있는 산이다. 작은 괴석을 얻어 관아 안에 놓아두었다. 괴석을 놓아두니 이제는 발품 팔며 명산을 구경하러 다닐 필요가 없어졌다. 괴석을 뚫어지게 바라보면 그 돌이 점차 불어나 화산처럼 거대하게 보일 것이기 때문이다. 도대체 그게 무슨 말인가? 옛날 기창紀昌이란 자가 활 쏘는 법을 배웠다. 이 한 마리를 소털에 묶어 남쪽 창가에 매달아놓고 날마다 쳐다보았더니 열흘 뒤 이가 크게 보이고 3년이 지나서는 수레바퀴 크기로 보였다. 그래서 활을 당겨 이를 쏘자 그 심장을 관통했다. 《열자列子》 〈탕문湯問〉에 나오는 이야기다. 그처럼 최립도 괴석만 바라보아 큰 산수를 보는 눈을 키우겠다는 의지를 보였다. 겉으로는 산수를 직접 다니지 않고 괴석만 봐도 충분하다는 주제이지만 속으로는 바닷가의 외진 고을에 머무는 동안 오로지 한 가지 일에 집중하여 거장이 되겠다는 집념이 서려 있다. 그처럼 누구에게나 창가에 깨알같이 작은 이를 매달아놓고 뚫어지게 바라보면 작은 이가 수레바퀴처럼 크게 보이는 순간이 온다.

집에 돌아오다

秋歸

가을이 돌아와 사람도 돌아와 보니
가을물은 사립문을 감싸고 있구나.

공부를 놓친 자식놈은 낯짝이 밉상이고
굶주림에 지친 마누라는 잔소리를 늘어놓네.

이들을 끝까지 보살펴야 하지마는
내 갈 길은 정녕코 뒤집기 어려워라.

다시금 도연명을 그리워하노니
운수에 달린 인생임을 잘도 알았네.

• 노긍

秋歸人亦返
秋水遶柴門
失學兒憎面
瀕飢妻瑣言
此冑終待恤
吾道固難飜
更憶淵明子
能知運所存

한원漢源 노긍盧兢(1737~1790)은 18세기의 전위적 작가이다. 기괴하고 발칙한 착상을 한 시인으로 유명하다. 충청도 청주 사람으로, 가난한 선비라 서울 대갓집 서당 방에서 학생들을 가르쳐 생계를 유지했다. 계절이 깊어가니 사람도 제 살던 곳으로 돌아간다. 오랜만에 돌아오니 그를 먼저 반기는 것은 집을 둘러싼 냇물이다. 집구석이라고 들어가니 꾀죄죄한 코흘리개 자식놈과 반기기는커녕 잔소리부터 늘어놓는 마누라다. 가장이 집을 버리고 떠나 있으니 자식이 공부할 리가 없고, 아내가 궁기를 면할 방도가 없다. 처자식 생각하면 훈장이고 선비고 시인이고 다 팽개치고 먹고 살 궁리를 해야 한다. 그렇다고 꿈꾸던 인생을 포기해야 할까? 날은 추워지고 시인의 고민은 깊어간다.

서울은 복어국 먹는 계절

憶洛中河豚羹

봄철은 한강에서 복어 잡는 계절
복사꽃이 피기 직전 그 무렵이 그리워라.

참기름에 미나리 삶고 꿀물에 섞어
맛 좋은 국을 나눠 손님들께 대접했었지.

멀리 이곳에 오니 어느 누가 입에 댈까?
지난날 흥겹던 일이 전생처럼 아득하다.

가슴 가득한 객수를 누구에게 터놓을까?
창가에 홀로 앉아 시나 한 수 짓노라.

方春漢水釣河豚
憶在桃花未發辰
芹煮香油和甘汁
羹分美味餉嘉賓
遠來此地誰沾口
却夢前遊若隔塵
滿腔客懷誰與語
晴窓只可覓詩新

• 권상신

1823년, 대사헌으로 있던 권상신權常愼(1759~1824)이 임금의 비위를 건드려 평안도 영변으로 귀양을 갔다. 1년을 영변에서 보내고 음력 3월 복사꽃 필 무렵이 되자 불현듯 고향이 그리워졌다. 그 무렵이면 한강에서 복어가 많이 잡혀 요리를 잘하는 집에서는 손님을 청해 복어국을 대접하곤 했다. 서울에서 복어국은 봄철을 대표하는 계절 음식이었다. 시인도 복어국을 즐겨 먹는 미식가의 한 사람이다. 그러나 귀양지 영변에서는 복어국을 먹지 않았던 듯하다. 시인은 불쑥 복어국이 먹고 싶어졌다. 입맛, 그것도 고향의 입맛은 다른 어떤 것보다 더 감각적이다. 지금쯤이면 복어를 잡아 벗들과 어울려 제철음식을 즐기며 시끌벅적할 때인데. 복어국의 향기와 맛은 친구들을 불러 함께 먹을 때 맛이 더해진다. 객지에서 고향의 음식을 떠올리고 입맛을 쩝쩝 다시며 시인의 외로움은 한층 깊어진다.

청간정에서 낮잠을 자다

清磵亭晝睡

금강산 담무갈 보살이 그대라면	楓岳曇無竭
난 대궐의 뛰어난 신하가 아니겠나?	金門老歲星
그대와의 만남이 한참 늦었으나	相逢雖恨晩
서로의 처지 잊고 절로 친해졌네.	交契自忘形
세상에 매인 몸이니 잠깐 떨어졌다가	暫別緣塵累
늙은 뒤에 호젓하게 다시 만나세.	幽期屬暮齡
높다란 정자에서 낮잠을 깨고 보니	高亭殘午夢
일만 봉우리 하늘 끝에 푸르구나.	天外萬峯靑

• 허균

1603년 가을, 교산蛟山 허균許筠(1569~1618)이 조정에서 쫓겨났다. 할 일이 없어지자 금강산을 두루 여행하고 외가가 있는 강릉으로 향했다. 그 길에 고성 청간정에 올라 낮잠을 실컷 자고 일어나 꿈속의 일을 시로 썼다. 꿈에서 그는 금강산 산신령 담무갈 보살을 만났다. 그는 대뜸 "나는 임금님을 모시던 능력 있는 신하다"라며 친구하자고 손을 내밀고 즐겁게 노닐었다. 그리고 세상에 매인 몸이니 산을 내려가 늙어서 돌아올 그날을 기다리라고 하직 인사를 했다. 꿈에서 깬 그의 눈앞에는 금강산 일만 이천 봉우리가 푸른빛을 띠고 서 있다. 명산을 겪은 이에게 그곳을 떠나기란 정말 싫은가 보다. 꿈속일망정 신선이 되어 명산을 대하는 태도가 대범하고 자유분방하다.

선달그믐날
除夕

해는 가도 나 죽은 뒤에
다시 또 돌아오고
풍경은 전과 똑같고
초당은 한적하겠지.

남은 자들 속에서는
멋진 사람 찾기 어려워
혼백인들 이 세상을
무엇하러 그리워하랴?

술꾼의 자취 서린 무덤
그 위로 계절은 지나가고
시인의 명성 남은 옛집
강산만은 지켜주겠지.

낙화유수 인생이라
한평생 한이러니

歲去應吾死後還
風光依舊草堂閒
典型難覔餘人裏
魂魄寧思此世間
酒跡荒墳隨節序
詩名故宅有江山

세상만사 유유하다 落花流水平生恨
상관 않고 버려두리라. 一切悠悠摠不關

• 이만용

19세기 전반의 시인 동번東樊 이만용李晩用(1792~1863)이 한 해가 저물어갈 무렵에 썼다. 정약용의 맏아들이자 절친한 시벗이었던 정학연丁學淵에게 새해를 앞두고 기념 삼아 준 작품이다. 희한하게 해가 바뀌어도 세상은 달라지지 않는다는 인생의 무상함을 자신의 죽음이란 설정으로 드러낸다. 내가 세상을 뜨는 청천벽력 같은 일이 벌어져도 새해는 다시 오고 내가 없는 세계는 풍경 하나 달라지지 않는다. 세상에 미련이 남아 있느냐고? 남아 있는 사람들 중에는 번듯한 자를 찾아보기 힘들기에 넋이라도 이 세상을 다시 찾고 싶지 않다. 삶의 애환이 서려 있는 무덤과 집과 그 밖의 곳곳에도 무정한 세월과 강산만이 지켜볼 뿐, 남아서 살아가는 그 누가 관심을 기울일까? 이제 세상에 큰 기대 걸지 말자. 인생이란 낙화유수落花流水, 미련 버리고 되어가는 대로 내버려두자.

산중의 눈 오는 밤

山中雪夜

종이이불 오싹하고
호롱불은 침침하다.

동자승은 밤이 새도록
새벽종을 치지 않는다.

자던 손님이 문 일찍 연다고
동자승이야 투덜대건 말건

암자 앞의 눈 덮인 소나무는
놓치지 않고 꼭 봐야 하겠네.

紙被生寒佛燈暗
沙彌一夜不鳴鍾
應嗔宿客開門早
要看庵前雪壓松

• 이제현

고려 말의 큰 학자이자 정치가인 익재益齋 이제현李齊賢(1287~1367)이 겨울철 산사를 찾았다. 때마침 큰 눈이 내려 산은 온통 눈에 뒤덮이고 날은 몹시 추워졌다. 산중의 찬 공기에 낯선 잠자리, 게다가 밖에는 큰 눈이 온다. 밤새 뒤척이며 잠을 설쳤다. 눈이 쌓인 산속 풍경은 얼마나 멋질까? 가슴은 두근두근 조바심이 나서 견딜 수 없다. 익재가 일어나면 동자승도 따라 일어나야 하는 법. "왜 꼭두새벽부터 일어나 귀찮게 한담!" 잠이 덜 깬 동자승의 푸념이 들리는 듯하다. 그래도 좋다. 누가 뭐래도 산속 설경을 내가 첫 대면 하리라! 그 멋진 설경도 대수롭지 않은 동자승의 천진난만함 덕분에 익재의 설경 감상이 한층 운치가 감돈다. 인간미가 넘치는 설경산수도雪景山水圖 한 폭이다.

4

오늘은 그대가 나를 잊었으니
내일이면 내가 나를 잊을 차례

잊혀지는 것

詠忘

세상 사람 모두 나를 잊어버려
천지에 이 한 몸은 고독하다.

세상만이 나를 잊었겠나?
형제마저 나를 잊었다.

오늘은 아내가 나를 잊었으니
내일이면 내가 나를 잊을 차례다.

그 뒤로는 하늘과 땅 사이에
가까운 이도 먼 이도 완전히 없어지리.

• 이규보

世人皆忘我
四海一身孤
豈唯世忘我
兄弟亦忘予
今日婦忘我
明日吾忘吾
却後天地內
了無親與疏

고려의 문호로 꼽히는 백운거사白雲居士 이규보李奎報(1168~1241)가 이십 대에 썼다. 자유분방하고 상상력이 풍부한 그의 작품은 지금 읽어도 참신하다. 젊은 시절, 세상 모든 이가 그를 잊어버렸다며 좌절한 적이 있었다. 잊혀버린 자의 고독감에 괴로워할 때 그의 생각이 도달한 것은 잊힌다는 것의 본질이었다. 망각은 관계가 소원한 사람들뿐 아니라 가장 가까운 사람도 예외가 없다. 망각의 극단에 이르면, 가장 가깝고 그래서 가장 사랑하는 형제와 아내마저 나를 잊는다. 어찌 해야 하나? 이제 나마저도 나를 잊어야 한다. 내가 나를 잊는 단계로 올라선다면 너와 나의 차별이 극복되고 모든 존재를 두루 사랑하는 평등의 관계로 비약이 일어날 것만 같다. 역설적이게도 가장 가까운 사람에게서 잊히는 것이 고독을 벗어나는 길이다.

노정을 헤아려보니
計程

노정을 헤아려보니
지금쯤이면 벌써 집에 도착하여
일마다 똑같이 벌어지는 걸
눈으로 직접 볼 수 있다.

어린 아들은 문을 뛰쳐나와
좋아라고 웃고
노친께선 문을 열고
절반은 기쁜 내색, 절반은 걱정일세.

멀리 있는 자식 걱정하는
어머니를 위로하고
궁지에서 잘 견딘다고
다부지게 말씀드린다.

산수가 가로막혀 길이 멀어도
넋은 잘도 다녀오는데

計程今已到家中
事事眞如眼覩同
稚子出門欣笑色
老親臨牖喜愁容
慰來慈念長思遠
道得剛腸善處窮

눈발이 날리는 밤하늘 아래 / 나는 홀로 시를 읊는다.

神去不知山水遠
夕天飛雪獨吟風

• 심노숭

정조·순조 연간의 문인 심노숭沈魯崇(1762~1837)이 유배지인 경상도 기장에서 고향을 그리며 쓴 시다. 정조의 사망 이후 권력자에게 밉보여 몇 년을 유배지에서 보내야 했다. 날이 추워지자 갈 수 없는 먼 고향, 그곳의 가족들이 더 그리워진다. 몸은 기장에 있어도 넋은 훨훨 날아 산과 물을 건너 고향 집 문을 열고 들어간다. 반가워하고 걱정하는 가족들, 그들의 표정 하나하나까지 눈앞에 있듯이 떠오른다. 위로와 당부의 말도 입에서 맴돈다. 그러나 퍼뜩 망상에서 깨어나면 몸은 여전히 유배지에 있고 하늘에는 눈발이 날린다.

흥이 나서

漫興

봄이 온 뒤 어떤 일이 있을지 말해볼까나?
사립문 밖에서는 지난밤부터 날이 갰으니.

한가한 구름은 봉우리를 넘으며 그림자 남기고
다정한 새는 숲 저편에서 재잘거려요.

손님이 떠난 뒤 물가에 앉아도 보고
꿈에서 깨어나 꽃 속을 거닐기도 하지요.

새로 담근 술이 익었다고도 하니
야윈 아내는 제 속을 잘도 알아요.

欲說春來事
柴門昨夜晴
閒雲度峯影
好鳥隔林聲
客去水邊坐
夢回花裏行
仍聞新酒熟
瘦婦自知情

• 백광훈

옥봉玉峯 백광훈白光勳(1537~1582)은 전라도 장흥의 시인이다. 시인은 섬세하고 다감한 감정을 유려한 가락에 실어 표현하는 데 능란하였다. 긴 겨울을 움츠리며 보내고 어느새 봄을 맞이하였다. 하루하루 분위기가 달라지더니 지난밤 비가 갠 뒤로는 영 느낌이 다르다. 산봉우리를 넘어가는 구름도, 숲 저편으로 날아가 지저귀는 새들도 봄기운을 견딜 수 없다는 듯이 부산을 떤다. 시인도 좀이 쑤셔서 일어나 문밖으로 나간다. 괜히 물가에 가 앉아보기도 하고, 꽃 속을 거닐어도 본다. 봄이 온 것이 실감 난다. 그중에도 제일은 새로 담근 술에서 풍기는 향내다. 입맛에서 돋아나는 봄기운이 제일이라는 것을 아는 아내는 참으로 현명하다. 곧 봄이 완연해질 것만 같다.

산사에 묵다

投宿山寺

소년 적엔 고즈넉한
산사를 좋아하여
창가에서 옛 경전을
많이도 읽었었지.

백발 되어 우연히
다시 찾은 이곳에는
불상 앞에 그때처럼
등불 하나 흐릿하다.

少年常愛山家靜
多在禪窓讀古經
白髮偶然重到此
佛前依舊一燈靑

• 신광한

중종 때의 시인 기재企齋 신광한申光漢(1484~1555)이 우연히 산사를 찾았다. 그 절은 그가 소년 시절 공부하던 곳으로, 옛날에는 많이들 집을 떠나 산사에서 공부했었다. 산사에는 멋진 미래를 설계하며 열심히 경전을 읽던 소년 적의 열정이 고스란히 배어 있다. 수십 년 세월을 건너 백발노인이 되어 다시 찾았다. 그의 시선이 머문 것은 등잔불 하나다. 화려한 전각도, 절 밖의 풍경도, 친하게 지내던 스님도 아니다. 등잔불은 그때처럼 불당을 비추고 있다. 그 앞에 서자 낭랑하게 책을 읽던 자신의 옛 모습이 스르르 떠오른다. 가물거리는 불빛에는 잊고 지냈던 소년 시절의 열망이 스쳐 지나간다. 사람들에겐 저마다 소년 시절의 열망이 멈춰 서 있는 추억의 공간이 있다.

봄날에

春日

꽃들이 바다처럼 뒤덮이지 않는다면
어떻게 사람들을 취해 뇌쇄시키랴?

한기가 흰 겹옷을 파고들어도
천치마냥 푸른 봄을 잡아두려네.

앉은 자리는 눈이 온 듯 화사했건만
아침 비에 촉촉이 젖어 흙이 되었네.

한 해 한 해 어김없이 찾아오지만
저 풍경은 볼 때마다 처음 본 듯해.

• 목만중

不有花如海
那能醉殺人
寒猶欺白袷
痴欲住青春
坐處明似雪
朝來雨浥塵
年年每到此
當景輒如新

영정조 시대의 시인 여와餘窩 목만중睦萬中(1727~1810)이 완전히 꽃에 취해 있다. 천지가 온통 꽃으로 뒤덮여 꽃의 바다, 화해花海를 이뤘다. 꽃 바다가 펼쳐진 하루하루를 보낼 때면 꽃에 취해서 정신이 나가지 않을 사람이 어디 있을까? 모두가 꽃 때문이다. 아직 물러가지 않은 한기가 옷깃을 스며도 좋다. 봄이 더 깊어가지 말라며 시간의 허리를 꼭 붙잡고 떼쓰고 싶다. 바보 천치라고 비웃어도 좋다. 허나 어제 눈이 온 듯 하얬던 그 자리에는 비에 촉촉이 젖은 꽃잎이 깔려 있다. 꽃이 핀 그곳에는 한 해도 빠짐없이 갔다. 그래도 늘 처음 본 것처럼 새롭다. 올해도 꽃의 마법에 걸린 듯 화해를 헤엄쳐 건넌다.

딸을 잃고

喪兒後 初出湖上

집의 좌우에는
약초밭과 화원이 있어
어딜 가든
너는 꼭 따라왔었다.

마음이 아파도
책은 펼쳐보지 않으련다.
책을 말리던 날이면
네가 받쳐 들던 모습이 떠오를 것만 같다.

藥圃花園屋左右
閑居何處不從行
傷心未忍開書帙
曬日他時憶爾擎

• 심익운

영조 시대에 천재로 알려진 지산芝山 심익운沈翼雲(1734~?)이 어린 딸을 잃고 썼다. 셋째 딸을 잃고 나서는 완전히 무기력해져 아무것도 하지 않는다. 사는 집의 좌우 양편에는 약초밭도 있고 화원도 있어 한가로이 집에 머물 때면 자주 나가봤다. 그때마다 딸은 꼭 뒤따라 나와 함께 걸었다. 이제는 집에 틀어박혀 있어도 약초밭이고 화원이고 가지 않는다. 그나마 아픈 마음을 잊기에는 책을 읽는 것이 좋을 텐데 그 책도 펼치지 않는다. 햇볕에 책을 말리던 날 제가 도와준다고 날라오고 받쳐 들고 법석을 떨던 생각이 떠올라서다. 집 안팎 어디에도 딸이 남긴 추억이 서리지 않은 곳이 없다. 자리를 박차고 마포 강가로 나갔다. 딸의 흔적이 없어도 흐르는 눈물 주체할 수 없다.

❖ 원제는 〈딸을 잃고 처음 강가로 나갔다. 슬픔을 주체할 수 없어 시를 지어 기록한다(喪兒後初出湖上 悲悼殊甚 詩以志之)〉이다.

난초

漫吟

밭에다 곡식은 심지 않고
힘들여 난초를 심었다네.

가을 되어 난초가
열매를 맺지 않아도
거문고 품에 안고
후회는 하지 않네.

有田不種穀
努力種蘭草
蘭草秋不實
抱琴無悔懊

• 이희사

취송醉松 이희사李羲師(1728~1811)는 18세기 후반 경기도 양평에 살았던 시인이다. 평생 벼슬하지 않고 시를 짓고 살아가던 어느 날 불쑥 떠오른 생각을 시로 지었다. 난초를 심은 사연이다. 밭이 생겼으니 남들 하듯이 곡식을 심었어야 했다. 그러나 곡식을 심는 대신 열심히 공들여 난초를 심었다. 가을이 되었다. 쌀이나 보리, 그도 아니면 밤과 대추처럼 먹고 살아갈 열매를 얻지 않았다. 후회하고 반성해야 할 때다. 그러나 그는 후회는커녕 거문고를 안고 난초를 노래한다. 시인은 한평생 남과는 다른 길만 선택했고, 반대로만 살았다. 곡식을 심지 않았고, 열매를 맺지 않았으며, 후회하지 않았다. 난초는 시인의 인생을 닮았다. 난초를 심고 가꾼 인생의 선택, 후회하지 않으련다.

양손
兩手

하늘이 양손을
만들어준 것은

뭐라도 하라는
뜻으로 한 건데

어쩌잔 말인가
팔짱만 끼고서

먹을 것 내려줄
하늘만 보다니

• 이용휴

天之生兩手
盖欲有所爲
如何拱而坐
只待雨粟時

이용휴李用休(1708~1782)는 독특한 개성의 작품을 쓰기로 유명한 시인이다. 길이는 짧고, 내용은 쉬우며, 취지는 교훈적인 것이 그의 시가 지닌 특징이다. 제목을 잃어버린 이 시도 다르지 않다. 사람마다 양손이 달려 있는 이유는 무엇인가? 그 손을 써서 무슨 일이든 하라는 하늘의 뜻이 담겨 있다. 그런데 양손을 오므려 팔짱만 끼고 앉아서 아무것도 하지 않고 하늘이 곡식을 비처럼 내려주기만을 기다린다. 그게 될 말인가? 그런 사람이 세상 도처에 있다. 일하지 않고 살아가는 사람들에게는 흔한 상식으로 돌아가 살라는 말이 고상한 논리나 준엄한 훈계보다 낫다. '천우속天雨粟 마생각馬生角'이란 말이 있다. 하늘에서 곡식이 쏟아지고, 말 머리에 뿔이 난다는 말로 있을 수 없는 것을 뜻한다. 대개는 양손을 쓰지 않는 사람 앞에 펼쳐지는 환영일 것이다.

새봄을 맞아
春帖

청산은 푸른빛을 바꾸지 않고	靑山不改色
유수는 물소리를 바꾸지 않네.	流水不改聲
바라고 바라건대 주인옹이여!	唯願主人翁
호젓이 사는 마음 바꾸지 말자.	不改幽棲情

• 박세당

17세기의 문신 서계西溪 박세당朴世堂(1629~1703)의 시다. 수락산에 칩거한 마흔 살 이후 지었다. 그는 고집스럽게 자기 길을 걸어간 의지의 인물이었다. "이런 세상에 태어났으니 이런 세상을 위해 일하면서 좋게 좋게 지내면 되지 않느냐는 것들에게 결단코 머리를 수그린 채 뒤따르는 짓거리를 하지 않겠다"며 소신 있는 정치적 행보를 했고, 학자적 양심을 지켰다. 남과 적당히 타협하지 못하는 지식인의 전형이다. 그가 새로운 계절이 시작되는 첫날 자신의 의지를 밝히는 시를 지어 문에 걸어두었다. 아니나 다를까 무서울 정도의 의지가 번득인다. 계절에 따라 성쇠가 있기는 하나 청산도 유수도 제 본래의 모습을 잃지 않는다. 그 유상有常한 자연에 비하면 인간이란 얼마나 무상無常한가! 그러나 나만은 다르다. 육신은 바뀔지 몰라도 정신은 바뀌지 않는다. 옛 선비의 짧은 시에 강인한 인간의 의지가 서슬 퍼렇게 살아 있다.

운봉사에 올라

題雲峯寺

칡덩굴을 당겨 잡고
운봉사에 올라가
저 아래를 바라보니
세계는 비어 있네.

손바닥 위에서
모든 산은 나뉘고
가슴속의 세상만사
시원스레 사라지네.

해를 막고 눈발 날려
불탑은 어렴풋하고
허공에는 바람 불어
소나무는 울어대네.

저 노을은 틀림없이
나를 보고 비웃겠지.

捫葛上雲峯
平看世界空
千山分掌上
萬事豁胸中
塔影日邊雪
松聲天半風

발길을 되돌려서	煙霞應笑我
새장 속에 들어간다고.	回步入塵籠

• 최치원

통일 신라의 문호 고운孤雲 최치원崔致遠(857~?)의 시다. 날이 추워진 겨울에 경북 문경시 운달산雲達山 절로 올라갔다. 그 절은 지금은 김용사金龍寺란 이름으로 바뀌었다. 추운 겨울 무슨 일이 그를 산으로 이끌었을까? 힘겹게 산 정상으로 올라서면 세계를 올려보지 않아도 좋다. 원문에서 '평간平看'이라 한 것처럼 내려다보거나 같은 높이로 볼 수 있다. 산에 오르니 허다한 세상사가 사라져 가슴속이 시원해진다. 세상일을 내려놓자 비로소 눈에는 눈발 속의 탑이 보이고, 귀에는 솔바람 소리 거세게 밀려든다. 마음도 홀가분해지고 세계는 모두 비어 보인다. 또다시 새장 같은 더러운 세상 속으로 내려가도 견딜 수 있는 힘이 생겼다. 산신령이 뒤에서 비웃는 소리가 들리는 듯하지만, 세상 속으로 들어갈 생기를 얻었다.

눈과 달

雪月

큰 눈이 온 마을 뒤덮어
큰 집이 북풍에 떨고 있네.

꽁꽁 언 얼음 아래 샘물이 울고
삼나무 가지 끝에 달이 올라가네.

홀로 있는 밤이라 잠들지 못하고
옷을 껴입은 채 문 열고 내다보니

푸른 산은 벌써 깨진 기왓장 걷어내고
어느새 백옥으로 지붕을 얹었네.

大雪擁一村
高堂北風寒
泉鳴石氷底
月高老杉端
獨夜不能寐
攬衣開戶看
靑山已破瓦
忽作白玉巒

• 김숭겸

김숭겸金崇謙(1682~1700)은 저명한 학자인 농암農巖 김창협金昌協의 아들로서 천재 시인으로 알려졌다. 열세 살 되던 해의 한겨울, 날이 몹시 추워지고 큰 눈까지 내렸다. 모든 것이 꽁꽁 얼어붙었다. 그래도 얼음 아래로 물은 흐르고, 고목 위로 달은 환하게 떠올랐다. 소년에게는 눈으로 뒤덮이고 얼음에 갇혀도 움츠리지 않고 활동하는 것이 귀에 들리고 눈에 보였다. 눈이 내려도 아무렇지 않게 모두 잠들었건만 소년만은 잠을 이루지 못했다. 우연히 밖을 내다보았더니 산에서는 대대적인 공사가 끝난 것이 보였다. 그 짧은 사이에 깨진 기왓장 다 걷어내고 백옥으로 새로 지붕을 덮어놓은 것이다. 열세 살 소년은 몸이 움츠러들어도 예민한 상상력은 움츠러들지 않았다.

지팡이 짚고서

倚杖

지팡이 짚고서 사립문 나서니
상쾌한 기분이 끝없이 샘솟네.

사방의 산들은 창을 세워 호위하고
한 줄기 시내는 구슬처럼 흘러가네.

솔숲 길에 학이 서서 날은 저물고
바위틈에 구름 피어 서늘해지네.

까마득히 떠오르네 십 년 세월 꿈이여!
그 속에서 내 얼마나 허둥댔던가!

倚杖柴門外
悠然發興長
四山疑列戟
一水聽鳴璫
鶴立松丫暝
雲生石竇涼
遙憐十年夢
款款此中忙

• 이숭인

고려 말 도은陶隱 이숭인李崇仁(1349~1392)의 시다. 날이 저물어가는 저녁은 지팡이를 찾아 짚고 산책하러 나가기 좋은 시간이다. 걸음걸음마다 나를 맞이하는 것은 하루의 피로를 잊게 하는 풍경이다. 사방의 산과 졸졸 흐르는 시내가 나를 반긴다. 학은 솔숲의 갈림길에 선 채로 어둠에 묻혀가고, 저녁 구름은 바위틈에서 피어올라 몸을 시원하게 만든다. 저 정겨운 풍경을 보고 있으면 남들은 여유롭다고 하리라. 그러나 그렇지 않다. 10년 세월 동안 뭔가를 이뤄보겠노라고 허둥댔다. 이제는 까마득하게 여겨지는 꿈이다. 지팡이에 몸을 싣고서 바라보니 세상사 참으로 허망하다. 도은은 그 허망한 꿈을 이루고자 다시 세상에 나갔고, 정도전에게 죽임을 당하였다.

천연의 살림살이

天然具

담쟁이넝쿨로 옷 해 입고
난초로 띠를 매면 어울릴까?
개울가의 나무 밑에
가지 엮어 살고 싶다.

섬돌 덮은 파초 잎은
부치기 쉬운 부채이고
길을 덮은 이끼는
넓게 깐 보료겠네.

낚싯대 잡고 비를 뚫고 가면
그게 바로 지팡이요
바위에 걸터앉아 계곡물 내려 보면
방석이 따로 없다.

봉선화를 비벼 짜고
갈대 붓에 즙을 적셔

蘿衣蕙帶稱如何
因樹爲居在澗阿
砌覆芭蕉搖扇易
徑添苔蘚鋪氍多
把竿衝雨當扶老
據石臨泉是養和

오동 잎을 주워다가	挼碎鳳仙沾荻筆
은사의 노래 지어내리.	拾將梧葉寫隱歌

• 정학연

정약용의 아들 정학연丁學淵은 빼어난 시인이자 의사였다. 그는 어느 날 의식주 모든 것을 자연에 있는 그대로, 인간의 손길로 더럽히지 않은 채 써보고 싶다는 생각이 불쑥 들었다. 옷과 띠는 넝쿨이나 난초를 걸치고, 집은 따로 짓지 않는다. 부채고 담요고 지팡이고 방석이고 따로 만들거나 장터에서 사오지 않는다. 시도 먹물이나 종이를 쓰지 않고 봉선화 즙에 갈대 붓으로 오동 잎에 쓴다. 그렇게 살면 어떨까? 정말 멋지지 않을까? 혹시 불가능한 것은 아닐까? 태초의 원시적 삶으로 돌아갈 수는 없는 걸까? 삶 자체가 자연 친화적이던 그 시절에 그것마저도 인위적이라 여겨 원시의 삶을 동경하였다. 지금 우리는 천연구天然具를 상상할 수조차 없다.

봄날에

春事

그럭저럭 꽃피는 철 가까워지자
길가에는 뾰족뾰족 풀이 커간다.

봄빛은 여린 버들가지로 들고
들불은 빈숲으로 번져가는데

호젓한 꿈을 스님이 와서 해몽해주고
새로 지은 시를 새와 함께 읊어보네.

집이 외져 바깥세상 일은 하나 없고
술친구만 걸핏하면 찾아오누나.

冉冉花氣近
纖纖逕草深
風光歸弱柳
野燒入空林
幽夢僧來解
新詩鳥伴吟
境偏無外事
酒客動相尋

• 이첨

고려 말과 조선 초에 활동한 문인 쌍매당雙梅堂 이첨李詹(1345~1405)의 시다. 초봄이 되면서 하루하루 분위기가 다르다. 꽃 기운도 퍼지고, 길가에는 여린 풀이 올라와 파릇파릇하다. 문밖을 나서 들로 나가보니 천변의 물오른 버드나무는 저 혼자 봄빛을 발산하고, 들판을 태우는 쥐불은 잎이 져 휑한 야산으로 번져갈 태세다. 봄기운은 몸을 나른하게 만든다. 서둘러 집으로 돌아와 낮잠을 자기도 하고 시를 지어 읊어도 본다. 그러면 스님이 우연히 들러 해몽도 해주고, 어디선가 새가 날아와 함께 시를 읊는 시늉을 한다. 번잡한 세상에서 벗어난 곳에 사는 청복淸福이다. 그런데 귀찮게끔 술친구가 번번이 찾아와 적막을 깨트린다. 얄미운 친구! 하지만 그도 나와 처지가 같은가 보다.

서당 친구들과 짓다

與塾中諸友課日次放翁韻

고관대작 되려던 꿈은
이제 아예 글렀으니
주경야독 생계를 꾸려
사는 것이 옳고말고.

나물에 길들여진 창자라
독한 술은 피하게 되고
삼태기에 삽질하는 몸이라
새 옷 입기 거북하네.

훈풍이 불어와도
옷깃을 헤치면 시원하고
이슬비가 뿌려도
얼굴이나 고작 적시네.

우두커니 좋은 철을 보내려니
비루한 풍속 부끄러워라

判知軒駟已無期
耕讀營生計未非
肚慣果蔬嫌烈酒
躬親畚鍤怕新衣
風薰猶有披襟爽
雨細纔成灑面霏

온 마을 사람들 쑥을 뜯어서　　坐對佳辰慚俗陋

한낮에 돌아오네.　　傾村採艾日中歸

• 황현

구한말의 시인이자 역사가 매천梅泉 황현黃玹(1855~1910)이 마흔셋이 되던 해에 지었다. 시골에 묻혀 농사를 지으며 사는 서생 겸 농부 매천 선생! 단오 무렵, 날이 좋아 동네 친구들과 어울리니 시가 절로 나오고 속마저 터놓게 된다. 이제 마흔을 넘긴 나이라, 세상에 나가 보란 듯 성공하겠다던 허황한 옛꿈일랑 버려야겠다. 되지도 않을 꿈에 매달리느니 생계나 잘 꾸려가야지. 푸성귀에 막걸리 마시고, 삽 들고 흙 묻은 옷이나 입는다. 바람 불면 옷을 벗고 비 뿌리면 얼굴에 맞는다. 천생 농사꾼 처지다. 단오라고 쑥개떡 해 먹으려는지 온 마을 사람들 쑥을 뜯어 돌아온다. 왠지 모르게 익숙지 않은 그 풍경은 아직도 마음 한편에 남아 있는 헛된 꿈 탓일까?

매화

梅花

우리 인생 그 어데서
밑도 끝도 없는 시름을 흩어 보내나?
향기롭고 눈 같은 매화의 바다에
다락배 하나 띄우면 그만이지.

책을 펼치면 복이 오는 것쯤이야
예전부터 잘 알고 있지만
꽃을 본다고 그 위에 다시
어떤 복이 얻어질까?

시들어가는 생명을 붙잡으려
안달하는 미망은 본래부터 없으나
맑고도 고운 그 모습 사랑하며
백발 노년에 이르렀네.

그래도 반가운 소식 한 가지는
역풍이 내 깊은 방으로 불어오는 것,

吾生何處散閑愁
香雪海中宜泛樓
披卷從來知有福
看花更復得何修
自非壽相留頹景
爲愛清華到白頭

꽃잎 하나라도	可喜逆風歸閟閣
흐르는 물 위에 띄워 보내지 않으려네.	不令一片付東流

• 조희룡

19세기의 저명한 화가 우봉又峰 조희룡趙熙龍(1789~1866)은 매화를 몹시 사랑하여 수많은 매화 그림과 시를 남겼다. 누구보다 매화를 다룬 작품을 많이 가졌다고 탐욕을 과시하기도 했다. 이 시는 여섯 편의 연작시 〈매화〉 가운데 마지막 작품으로, 탐매探梅의 절정에 이른 순간을 묘사한다. 인생에서 힘겨운 순간이면 매화 속으로 가라! 향설해香雪海에 배를 띄우고 구경하는 동안 속된 세계에서 받은 마음의 상처가 치유될 것이다. 눈처럼 흰 매화가 흐드러지게 피어 향기를 뿜어내는 매화의 바다, 향설해에서나 일어나는 일이다. 매화를 본다고 부귀나 명예가 조금도 늘어나지 않는다. 매화는 보는 이의 마음이나 영혼에만 영향을 미칠 뿐이다. 한 살이라도 더 살겠다고 아등바등하는 속물은 아니지만, 매화를 보기 위해서라면 더 오래 살고 싶다. 바람이 불어온다. 꽃잎이 지겠지. 다행히 역풍이라 꽃잎을 나의 깊은 방 안으로 날려 보내니 고맙다. 떨어진 꽃잎 하나라도 곁에 머물도록 문을 열어두어야겠다.

길을 가다가

道中卽事

풀이 연해	
소가 송아지를 부르고	
냇물이 불어나	草軟牛呼犢
황새가 물고기를 쪼고 있네.	溪深鸛啄魚
푸른 숲이 멀지 않으니	青林望不遠
틀림없이 좋은 마을 나타나겠지.	定有好村居
송아지는 풀을 뜯고	小犢方含草
어미 소는 냇물을 마시네.	大牛方飲川
할 일이 없어진 목동은	牧童無一事
풀잎모자 덮어쓰고 잠을 청하네.	蘆笠蓋頭眠

• 권용정

19세기의 시인 소유小遊 권용정權用正(1801~1861)이 길을 가다가 눈에 들어온 풍경을 짧은 연작시로 읊었다. 녹음이 짙어가는 무렵이면 길 가는 나그네의 시선을 잡아당기는 풍경이 한둘 아니다. 연한 풀을 찾았는지 어미 소가 송아지를 부르고, 불어난 냇물에서는 황새가 물고기를 잡고 있다. 유난히 짙푸른 숲이 시야로 들어오니 살기 좋은 마을이 곧 나타날 것만 같다. 또 풀을 뜯고 있는 송아지 곁에서 어미 소는 물을 마시고 있다. 소 치는 아이는 이제는 할 일이 없어졌다. 갈대로 만든 모자를 눌러쓰고 낮잠을 늘어지게 잔다. 먼 길 재촉하던 나그네의 바쁜 마음이 갑자기 한가로워진다. 잠깐 걸음 멈추고 들녘에 감도는 평화로운 풍경에 젖어든다.

푸른 소나무 울타리

青松障

짙푸름이 창 앞까지 이어져
그윽한 솔숲을 이루네.
산들바람 불어오면 빗소리를 내며
뜰에 온통 시원함을 뿌리네.

비록 문 앞에서 구불구불 울타리로 굽히고 있어도
솟구쳐서 하늘로 오르려는 희망을 잊은 적 없네.

도심 쪽을 가로막아
뽀얀 연기를 멀리 몰아내면서도
가지 사이는 툭 트여서
달빛이 쏟아져 들어오네.

호젓한 새는 병풍 속 그림으로 알련마는
이상도 해라. 고운 노래 때때로 들려주네.

翠黛連窓窈作林
小風吹雨一庭陰
縱成屈曲當前障
不忘升騰向上心
闤闠敎遮煙色遠
枝柯偸豁月光侵
幽禽認是屛間畫
怪底時時送好音

• 채제공

정조 시대의 명재상 번암樊巖 채제공蔡濟恭(1720~1799)이 혼인한 직후인 열여덟 살에 지었다. 서울역 뒤에 있는 약현성당 부근 처가에 머물 때였다. 처가 어른들이 그 집에 있는 노송을 구부려 만든 생울타리, 곧 취병翠屛을 보고 시를 한 수 지어보라 하였다. 즉석에서 시를 지어 올렸다. 울타리는 작은 솔숲을 이뤄 바람이 조금만 불어도 쏴 소리를 내며 온 집 안에 시원함을 선사한다. 도성 안의 붉은 먼지를 막을 만큼 빽빽하지만 그래도 가지 틈으로 달빛이 마구 쏟아져 들어올 만큼 넓다. 하지만 그 멋진 풍경이 마냥 좋지만은 않다. 소나무를 비틀고 구부려 낮은 울타리로 만든 탓이다. 그래도 구부러진 저 소나무는 하늘로 솟구쳐 쭉쭉 뻗으려는 본성을 결코 잊지 않았다. 지금은 몸을 굽히고 있을지라도 언젠가는 하늘을 향해 솟구칠 것이다. 나 아직 젊은 소년이니 아무리 억눌러도 솟구칠 소나무를 기억해라!

우연히 읊다

偶吟

누군들 처음부터 선골이었나
나도 본래 번화한 삶 좋아했었지.

몸이 병들자 마음 따라 고요해지고
길이 막히자 세상 절로 멀어지더군.

구름과 산은 나를 끌어 부축해주고
호수랑 바다는 나를 함께 어루만지네.

선계로 가는 열쇠 부러워 말자
봉래산은 어김없이 갈 테니까.

誰曾有仙骨
吾亦愛紛華
身病心仍靜
途窮世自遐
雲山相誘掖
湖海與漸摩
鐵鎖何須羨
蓬萊路不差

• 윤선도

시조 시인으로 이름난 고산孤山 윤선도尹善道(1587~1671)가 쉰아홉 살 나던 1645년에 지었다. 정계에서 물러나 해남의 금쇄동金鎖洞에서 지내는 중이었다. 외지고 아름다운 골짜기에 머물며 〈산중신곡山中新曲〉을 지어 산수에 묻힌 행복을 노래하였다. 그런데 산수를 마냥 좋아해서 은둔한 것일까? 아니다. 세상에 부대끼며 사느라 몸도 병들고 벼슬길도 막힌 막다른 상황을 피해 온 것일 뿐이다. 다만 이곳의 자연은 그 같은 도피자의 병든 몸을 부축해 일으켜 세우고 상처 난 마음을 어루만져주었다. 마지못해 들어왔어도 웬만큼 치유되었고 스스로도 선골仙骨 같은 느낌이 들었다. 윤선도처럼 고백할 노년의 인생이 지금도 적지 않을 것이다.

한양에 와보니

寓感

필마 타고 찾아온 한양!
만감이 교차하누나.
그 사이에 세상사는
상전벽해 되었어라.

이 추운 날 나그네는
어느 집에 투숙하나?
대갓집들 하나같이
주인이 바뀌었네.

• 황염조

匹馬長安百感新
伊來世事海生塵
天寒客子投何處
甲第皆非舊主人

평양의 저명한 시인 황염조黃念祖(생몰연대 미상)가 오랜만에 한양에 들렀다. 정조가 새 국왕으로 등극한 다음 해 한겨울이다. 평소 고관들에게 환대를 받던 터라 그들 저택으로 찾아갔다. 하지만 그들은 완전히 몰락하고 집은 새 주인이 차지하고 있었다. 되돌아오려니 가슴속에 만감이 교차한다. 옛 친구에 대한 연민의 감정 때문만은 아니다. 정국이 교체되면 으레 정치인들의 살육전이 벌어져 피비린내를 풍겼다. 우리 같은 지방 사람들은 그들만의 리그에서 벌어지는 싸움의 구경꾼일 뿐, 누가 정권을 차지하여 대갓집 주인 자리를 꿰차든 상관없다. 쓸쓸히 고향으로 되돌아가면 그만이다. 그런데 이 시가 세상에 알려져 저들의 귀에까지 들어갔다. 주제넘게 감히 고관을 비꼬았다 하여 평양 감사에게 맞아 죽었다. 불손하게도 정의와 진실을 살짝 드러낸 호된 대가였다.

공부를 해보니

口呼自感一首

示黃莘叟耳叟德吉

공부는 넓게 하는 것이 좋지만	學問雖在博
중심을 지키는 것이 더 중요하지.	要以約爲守
온종일 남의 돈을 세어본댔자	終日數人錢
한 푼도 내 것이 되지는 않고	一文非己有
바가지 들고 문전걸식해보았자	沿門持鉢客
제 배 하나도 채우지 못하지.	竟未飽其口
재주 있다 하여 너무 멀리 나가다간	游騎戒太遠
이룬 것 없는 백발이 되고 마네.	無成至白首
후배들에게 부탁의 말 전하노니	寄語後來者
나 같은 늙은이는 본받지 마라.	愼勿效此叟

• 안정복

순암順庵 안정복安鼎福(1712~1791) 선생에게 황덕길黃德吉(1750~1827)이란 젊은 학자가 찾아왔다. 젊은 학자의 그동안 공부한 과정을 들어보니 의욕도 있고 장래도 촉망되는 젊은이이지만 걱정이 앞선다. 마치 결신들린 듯이 공부하던 내 젊은 날을 보는 것 같다. 그에게 나이 들어 깨달은 것을 얘기해주고 싶다. 이것저것 펼치지만 말고 좁혀 공부하고, 남의 공부 부러워만 말고 자기 것을 만들며, 그사이 쌓아놓은 자신의 성과를 활용하고, 재능만 믿고 날뛰지 마라. 자칫하면 이룬 것 없는 늙은이가 될 것이다. 마치 현재의 나처럼 말이다. 젊은 학자를 일깨우는 노대가의 충고가 육중한 무게로 다가온다.

산골 집에 묵다

宿山家

밤 되어 유인의 집에 묵으니
속세 사람은 마음 한결 맑아지네.

문 앞에는 계곡물
추녀 끝에는 푸른 봉우리

국화 곁에서 지조를 지키고
거문고에 여유로움 실려 있네.

솔바람은 다 알고 있는지
외로운 노래에 화답하며 불어오네.

夜宿幽人宅
彌淸俗客心
門前流水在
簷角碧峯臨
晩節依寒菊
閑情托素琴
松風如有意
斷續和孤吟

• 작자 미상

이름을 알 수 없는 열두 살 난 소년의 시다. 소년이 산중에 있는 집에 하룻밤을 묵었다. 집주인은 별말이 없는 조용한 분, 집에 들어서 둘러보기만 해도 절로 상쾌해진다. 대문 바로 앞에는 계곡물이 흘러가고, 지붕 모서리에는 푸른 산봉우리가 바짝 다가서 있다. 산속에 푹 파묻혀 있는 집이다. 화단에 심어져 있는 국화는 나이 든 주인어른의 깨끗한 삶을 보여주고, 벽에 걸려 있는 거문고는 여유로운 마음씨를 말해준다. 풍경은 소년의 마음을 잔잔하게 흔든다. 그때 마침 그걸 이제야 알았느냐는 듯이 솔바람이 살랑살랑 불어와 노래에 화음을 넣어준다. 산속의 풍경과 소년의 마음이 몹시도 맑고 시원하다.

잠 못 이루고

不寐

잠 못 이루는 역마을의 밤	
가을 등잔, 불꽃이 절로 까분다.	
터진 이불 틈으로 설레발이 뻔질나게 모여들고	不寐郵村夜
무너진 벽 사이로 고양이 용케도 들어왔다.	秋燈影自搖
	綻衾頻集蠍
꾸물꾸물 먼동 틀 낌새도 없고	頹壁巧容猫
추적추적 아침까지 비가 이어진다.	冉冉天慳曙
	颼颼雨達朝
여기서 더 머물기는 어렵고말고.	此中難更住
하물며 산이랑 바다가 부르질 않나?	何况海山招

• 홍길주

저명한 문인 항해沆瀣 홍길주洪吉周(1786~1841)가 젊은 시절 동해로 여행을 떠났다. 어느 역이 있는 마을에서 하룻밤을 지냈다. 객지로 떠돈 지 꽤 되었건만 잠이 오지를 않아 몸을 뒤척인다. 다들 잠들어 사위四圍가 고요한데 켜놓은 등잔불만 혼자서 춤을 춘다. 억지로 잠을 청하려 이불을 덮고 누웠더니 설레발(지네) 몇 마리가 스멀스멀 기어들고, 무너진 벽 작은 틈새로 고양이 한 놈이 용케도 들어와 노려본다. 이제 잠자기는 글렀다. 어서 빨리 날이 새면 좋으련만 먼동이 틀 낌새는커녕 아침까지 비가 추적추적 내린다. 하얗게 밤을 새우고 일어났다. 여기서는 추호도 더 머물 생각이 없다. 툴툴 털고 떠나자. 저 앞에 바다와 산이 어서 오라고 부르는 것만 같다.

산꼭대기
山頂

평지에서 찾아오며
산꼭대기 바라볼 때는
꼭대기가 하늘과
맞닿은 줄 알았었네.

이제 발걸음이	來時平地望山巓
꼭대기에 이르렀네.	直謂山巓際碧天
머리 들고 쳐다봤더니	如今却到山巓上
하늘은 더 까마득히 멀어졌네.	擧首觀天更杳然

• 신후담

18세기 유학자 신후담愼後聃(1702~1761)이 청년 시절 개성 일대를 여행하였다. 그곳에서 이름을 밝히지 않은 어떤 산의 정상에 올랐다. 천천히 걸어 산 밑까지 와서 산꼭대기를 바라보니 꼭대기가 꼭 하늘에 닿은 것처럼 보였다. 정상에 오르면 하늘이 손아귀에 잡힐 것만 같아서 서둘러 오르고 싶은 의욕이 솟아났다. 힘겹게 한 걸음 한 걸음 정상에 올라온 순간, 손아귀에 잡히기는커녕 하늘은 훨씬 더 높은 곳에서 내려다보고 있다. 산 밑에서 본 것보다 더 높아 보였다. 정상에 올라와서야 알았다. 진정 높은 것은 가볍게 닿을 수 없다는 것을. 야트막한 꼭대기에 올랐다고 교만 떨지 마라! 더 높은 곳에서 내려다보는 이가 있다. 산꼭대기에 올랐다가 산으로부터 크게 배웠다.

가을을 타노라고

秋日遣興

산에서는 나무하고 물에서는 낚시하니
세상에 구하는 무엇이 있기나 하나?

지위 낮아 세상일에 걸릴 것 없어
은덕도 원한도 주고받은 것 적건마는

때때로 문을 닫고 틀어박힌 채
이맛살 찌푸리며 갖은 걱정을 하네.

무슨 일 있느냐고 물어오는 식구들에게
가을을 타노라고 둘러대었네.

采山復釣水
於世果何求
身微不羈物
而寡恩與讐
時復掩關坐
攢眉懷百憂
家人問何故
答云性悲秋

• 김윤식

구한말의 저명한 정치가이자 문인인 김윤식金允植(1835~1922)이 지었다. 1850년대 양평 한강가에 살 때다. 공부하며 세상을 알아가는 가진 것 없는 이십 대 젊은이라, 세상을 향해 큰 욕심을 낸 일도 없고, 다른 사람들과 다투지도 않았으며, 남에게 덕을 베풀지도 않았다. 그런 평범한 젊은이에게도 가을은 온갖 걱정이 몰려오게 한다. 무엇을 걱정하는지 누구에게 털어놓기도 민망하다. 그러다 보면 문을 걸어 잠근 채 홀로 있고 싶다. 그를 보고 식구들이 걱정하며 뭔 일이 있느냐고 묻는다. 속을 들킨 것 같아 가을을 타서 그렇다고 얼렁뚱땅 둘러대고 말았으나 가슴속 걱정이 물러난 것은 아니다. 저마다 가슴에 한 아름씩 걱정을 안고 사는 가을이다.

안대회

충남 청양에서 태어나 연세대 국문학과를 졸업하고, 같은 학교 대학원에서 문학박사 학위를 받았다. 영남대와 명지대 교수를 역임했으며, 현재 성균관대 한문학과 교수로 있다. 한문학에 대한 깊이 있는 연구를 바탕으로 종횡하는 고전 읽기와 탁월한 분석을 통해 풀어내는 그의 글 솜씨는 정평이 나 있다. 특히 조선후기 한문학이 온축해온 감성과 사유의 세계를 대중적인 필치로 풀어냄으로써 역사 속 우리 선조들의 삶과 지향을 현시대의 보편적 언어로 바꿔 생생하게 보여준다. 지은 책으로는《궁극의 시학》,《천년 벗과의 대화》,《벽광나치오》,《조선을 사로잡은 꾼들》,《정조의 비밀편지》,《고전 산문 산책》,《선비답게 산다는 것》,《18세기 한국 한시사 연구》 등이 있고, 옮긴 책으로《북학의》,《북상기》,《한서열전》,《산수간에 집을 짓고》,《나를 돌려다오》,《궁핍한 날의 벗》,《소화시평》 등이 있다.

새벽 한시 빛과 어둠을 만나는 시

초판 1쇄 발행 | 2014년 11월 5일
초판 3쇄 발행 | 2020년 1월 20일

지은이 안대회
펴낸이 지현구
펴낸곳 태학사
등 록 제406-2006-00008호
주 소 경기도 파주시 광인사길 223
전 화 (031)955-7580~2(마케팅부) · 955-7586~90(편집부)
전 송 (031)955-0910
전자우편 thaehaksa@naver.com
홈페이지 www.thaehaksa.com

값은 뒤표지에 있습니다.
ISBN 978-89-5966-662-1 03810

이 도서의 국립중앙도서관 출판시도서목록(CIP)은 e-CIP 홈페이지(http://www.nl.go.kr/ecip)와
국가자료공동목록시스템(http://www.nl.go.kr/kolisnet)에서 이용하실 수 있습니다.
(CIP제어번호: CIP 2014030290)